現場でよくある課題への処方箋

人と組織の行動科学

ビジネスリサーチラボ
伊達洋駆

すばる舎

皆さんは会社の中で、次のような状況に陥ったことはありませんか。

・上司と部下の関係をよりよいものにしたいが、どうすればよいかわからない
・次世代リーダーを育成していきたいが、何から手をつけるべきか見当もつかない
・人事評価に不満を持つ人が多いが、どのような対策が有効か不明である
・本音を言える雰囲気を作りたいものの、具体的な取り組みは何もできていない　…など

外からうまくいっているように見える会社でも、実際はさまざまな課題を抱えています。一方で、それらの課題にどう対処すればよいかを調べ始めると、さまざまな情報が大量に出てきます。どれが適切かよくわかりません。

人や組織の課題について、その原因と対策を考えるための良質な「エビデンス」を提供したい。それが本書の狙いです。

本書を執筆する私は現在、株式会社ビジネスリサーチラボの代表取締役を務めています。しかし、元々は神戸大学大学院経営学研究科で研究をしていました（今も研究は続けています）。
本書では、学術界から産業界へ移行してきた私なりの視点から、人や組織の課題にアプローチする方法を解説しています。

本書において特に紹介するのは、「組織行動論」の研究知見です。組織行動論とは、会社の中の従業員の心理や行動について探求する経営学の一領域です（近年は、他領域との境界が曖昧になっていて、本書でも産業組織心理学や組織論などの知見も部分的に参照しています）。

　本書は研究知見の品質を重視し、ある程度厳密な手続きを経た実証研究を優先して、取り上げています。ただし、すべての研究知見が皆さんの会社に、そのまま当てはまるわけではありません。自社の状況を踏まえて取捨選択したり、カスタマイズしたりする必要があります。

　組織行動論の研究知見をもとに解説する課題は、全部で44項目です。人や職場をめぐる課題を、できる限り幅広く抽出しようと努めました。新任のマネジャーや人事担当者にとっては、課題一覧を眺めるだけでも学びがあるかもしれません。

　44の課題を抽出する際には、2つの方法を併用しています。まず、私がこれまで相談を受けた課題を挙げました。私の経営するビジネスリサーチラボの守備範囲は広く、これまで色々な依頼を受けてきています。次に、HR事業者が市場で提供するサービスを列挙し、その背後にある課題を推察しました。

　そうして抽出した44項目の課題を読み解く研究知見を取り上げ、原因と対策を説明しています。それだけではありません。本書の重要な特徴として、「副作用」にも言及している点が挙げられます。

　薬に主作用と副作用があるのと同じように、人や組織の課題への対策には、主作用があれば副作用もあります。副作用とは、本来の目的とは異なる、望ましくない働きを意味します。

　詳細は本文で説明していますが、例えば、基本的によいものとされているエンゲージメントには、残業時間を増やすという副作用があります。

お互いに安心して本音を言える心理的安全性も、個人主義の人が集まるチームでは効果が薄れます。

　本書が副作用に一定の紙幅を割いているのは、副作用に関する情報が市場でほとんど出回っていないからです。サービスを提供するHR事業者にとっては、一見不利な情報であるせいかもしれません。あるいは、副作用に光を当てようとする気風自体がこれまでなく、純粋に知られていない可能性もあります。

　副作用のない薬はありません。対策が新たな課題を生み出す恐れもあります。会社をよくしようとしての働きかけが状況を悪化させるとすれば、残念なことです。そうした事態を避けるためにも、副作用を知った上で、適切な場面と方法を考慮して対策を講じなければなりません。

　本書は前から順番に読んでいただいても構いませんし、自社が課題と感じる項目を中心に読んでいただいても構いません。項目ごとに読める構成になっています。

　本書の知見を社内外のメンバーで共有し、具体的な施策に落とすためのディスカッションのきっかけにしてください。本書が、会社をよりよいものにしようと奮闘する方の支援になるとすれば、望外の喜びです。

株式会社ビジネスリサーチラボ　代表取締役

伊達 洋駆

目　次

Part 1

採用にまつわる処方箋

Part 2

マネジャーにまつわる処方箋

Part 3

評価と上司部下コミュニケーションにまつわる処方箋

Part 4

育成と自律性にまつわる処方箋

Part **5**

組織・文化・人事制度にまつわる処方箋

Part **6**

仕事と組織にまつわる処方箋

Part **7**

労働環境や働き方にまつわる処方箋

【凡例】各解説項目は次のパートから構成されています。

●解説項目見出し：各項目見出し

●よくあるケース：現場でよくある現象・事例

●現実に起きている問題：課題や問題の背景、原因、調査結果を示しています

●課題を読み解く研究知見：どんな学術研究のテーマに該当するかを示します

●エビデンスに基づく解決策：学術研究の根拠に基づいた解決策を提案します

●担当者から始める明日への一歩：人事担当者や現場マネジャーがすぐに始められ
　るアクション例を示しています

●副作用の可能性とリスクヘッジ：反証となる研究をもとにした、想定し得るリスクや、
　回避方法を示しています

●まとめ：解説項目内容のまとめです

●参考文献：解説項目に関する引用、参考文献です

Part 1

採用に
まつわる処方箋

01
求職者の応募を増やしたい

よくあるケース

case1 求人を出しても候補者が集まらない

case2 求める人物像に合致しない候補者が集まった

case3 候補者からの応募が来ないため、目標の採用人数を確保できるか不安

現実に起きている問題

　新卒採用の課題トップ3の中に、「ターゲット層の応募者を集めたい」と「応募者の数を集めたい」が含まれています[*1]。候補者の募集に関する課題意識の強さがうかがえます。

　候補者を募集する方法は、大きく「マス型採用」と「個別採用」に分けられます。

　マス型採用では、広く応募を呼びかけ、多くの候補者を集めようとします。典型例は「ナビサイト」などを用いた採用です。

　対して個別採用では、会社から候補者に直接働きかけます。逆求人型や、SNS採用、さらにはリファラル採用などが個別採用に該当します。

　従来はマス型採用が一般的でしたが、近年、個別採用が増えています。2021年の新卒採用の進め方に関する調査結果を見ると、33%がマス型採

用に注力する一方、個別採用に取り組む会社も46%に及びます。

　さらに、「マス型採用を主軸に個別採用にも取り組んだ」「個別採用を主軸にマス型採用にも取り組んだ」層も存在することを踏まえると[*2]、マス型採用のみで済ませる会社は少ないと言えます。

　個別採用が増加している理由の1つは、マス型採用が機能しにくくなっていることにあります。マス型採用だけでは、自社にとって優秀な応募者を得られないのです。

　自社に合った候補者から応募をしてもらうには、どうすればよいのでしょうか。

課題を読み解く研究知見

　採用に関する研究の中には、「会社と候補者との関係をいかに構築するのか」に関心を払う領域があります。「リクルートメント研究」と呼ばれる領域です。

　リクルートメント研究では主に、

・求職意思（Job pursuit intentions）：会社の選考を受けようという意思。応募書類を出したり、面接に参加したりといった行動につながる
・仕事 – 組織魅力（Job-organization attraction）：候補者が会社や仕事に対して魅力を感じる度合い
・受け入れ意思（Acceptance intentions）：選考の合格を得た際に、それに応じて入社しようと思う気持ち

といった、3つの候補者心理をどのように促せばよいか検討されてきました[*3]。

エビデンスに基づく解決策

ここで私たちが関心を持っているのは、候補者の集め方です。したがって、3つの候補者心理の中でも、「求職意思」に注目します。

求職意思を高めるには、どうすればよいのでしょうか。この点について、多くの先行研究の結果を総合的に分析した論文があります[*3]。論文によれば、求職意思を特に促す要因は4つあります。①「仕事の特徴」②「組織イメージ」③「リクルーター要因」④「P-O fit」です。

①仕事の特徴

仕事の内容や給料、昇進の可能性などを指します。候補者は仕事の特徴を見て、その会社の選考を受けようか判断します。なお、仕事の特徴は言語化しやすいため、「客観的要因」（objective factor）と呼ばれています。

②組織イメージ

候補者がそれぞれの会社に対して持つイメージを指します。当然ですが、会社によいイメージを持っていたり、評判のよさを感じていたりすると、求職意思は高まります。

③リクルーター要因

リクルーターとは、主に採用担当者のことです。採用担当者の振る舞いや印象も、候補者の求職意思を促す要因です。仕事に関する情報を十分に持たない候補者は、自分の接したリクルーターから影響を受けます。よいリクルーターと話をした候補者は、「この会社はよい」と感じます。

候補者に与える影響の大きさから、候補者とリクルーターとのやり取りを「クリティカルコンタクト」（重大な接触）と呼ぶ研究者もいます[*4]。

④P-O fit（Person-Organization fit）

　候補者と会社の適合性のことです。候補者が「自分は、この会社に合っている」と感じるほど、求職意思は高くなります。なお、会社から候補者に対して、「あなたは、うちの会社に合っています」と伝えると、候補者の志望度が上昇することがわかっています[*5]。

候補者の求職意思を促す要因

著者作成

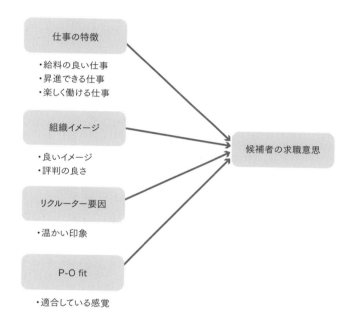

担当者から始める明日への一歩

● 候補者には温かく接しよう

● 自社と合っている候補者には、そのことを伝えよう

副作用の可能性とリスクヘッジ

● アピールが「リアリティショック」につながる

候補者からの応募を促すためには、自社をアピールしなければいけません。例えば、仕事の楽しさを伝えたり、「ウチは風通しがよい」と述べたりする会社もあるでしょう。

しかし、アピールには注意が必要です。というのも、候補者に伝えている内容と自社の実態とが乖離（かいり）する可能性があるからです。

さらに、「ある時期には残業が多くなる」など、候補者から見ればネガティブに映る事実について、候補者に十分に伝えないケースも出てくるかもしれません。

こうなると、「リアリティショック」が発生します。入社前の期待と入社後の実態が異なることに衝撃を受けるのが、リアリティショックです[*6]。入社後に「こんなはずではなかった」「こんな会社だとは思わなかった」と感じてしまうのです。

リアリティショックは、従業員にマイナスの影響を及ぼします。会社に対する愛着が下がり、離職にもつながります。

入社4年以内に離職した人を調査したところ、上司や仕事の責任・興味、成長機会などにおいて、リアリティショックを経験していることが明らかになっています[*7]。

特に、人間関係のリアリティショック（「こんな人間関係とは思わなかった」という衝撃）は、職場や会社に慣れることを阻害します[*8]。

● リアリティショックを防ぐにはRJPが有効

リアリティショックを生み出さないために有効なのは、「RJP（Realistic Job Preview）」です。

RJPを訳すと、「現実的な職務の事前開示」となります。自分の会社の

実態をありのままに伝えることを意味します。

　例えば、「1年のうち、残業がこれくらいあります」「上司部下間の風通しはよいですが、成果が残せなかったら厳しく指摘されます」といった具合に、実態を伝えるのがRJPです。RJPは、候補者が入社後に持つ期待を現実的なものにする効果があります[*9]。

　RJPを一度実施すると決めたら、フィクションを加えずに事実を伝えましょう。同じ事実でも、ポジティブに捉える人もいれば、ネガティブに受け止める人もいます。

　自社の現実に対してネガティブに感じる人を無理に入社させないことも、採用においては大事です。

まとめ

課題：求職者の応募を増やしたい	
原因	求職意思が低い
↓	
組織の対策	報酬が高く、出世できる仕事を提供する 自社に対する良好なイメージを醸成する
個人の対策	候補者には温かい態度で接する 自社にフィットしていることを伝える
↓	
副作用	自社のアピールが実態と乖離すると、入社後に衝撃を受けるため、ネガティブな面を含めて実態を開示する

参 考 文 献

＊1　HR総研 (2020)「2020年 & 2021年新卒採用動向調査」(6月)

＊2　HR総研 (2021)「2021年 & 2022年新卒採用動向調査」

＊3　Chapman, D. S., Uggerslev, K. L., Carroll, S. A., Piasentin, K. A., and Jones, D. A. (2005). Applicant attraction to organizations and job choice: A meta-analytic review of the correlates of recruiting outcomes. Journal of Applied Psychology, 90(5), 928.

＊4　Behling, O., Labovitz, G., and Gainer, M. (1968). College recruiting: A theoretical base. Personnel Journal, 47, 13-19.

＊5　Dineen, B. R., Ash, S. R., and Noe, R. A. (2002). A Web of applicant attraction: Person-organization fit in the context of Web-based recruitment. Journal of Applied Psychology, 87(4), 723-734.

＊6　Schein, E. H. (1978). Career Dynamics: Matching Individual and Organizational Needs, 6834, Addison-Wesley.

＊7　Dunnette, M. D., Arvey, R. D., and Banas, P. A. (1973). Why do they leave. Personnel, 50(3), 25-39.

＊8　尾形真実哉 (2012)「リアリティ・ショックが若年就業者の組織適応に与える影響の実証研究」『組織科学』第45巻3号、49-66頁。

＊9　Phillips, J. M. (1998). Effects of realistic job previews on multiple organizational outcomes: A meta-analysis. Academy of Management Journal, 41(6), 673-690.

02

オンライン面接で
志望度を高めたい

よくあるケース

case1 オンライン面接が増え、面接官をどう務めてよいか不安

case2 オンラインでは、求職者の志望度を高められていない気がしている

case3 オンライン面接後の内定者フォローで苦戦を強いられている

現実に起きている問題

　新型コロナウイルス感染症の蔓延（まんえん）により、採用のオンライン化が進みました。2022年卒学生を対象にした調査では、「Webのみ（対面なし）」のインターンシップに参加した学生は、全国で72.7%となっています[*1]。

　さらに、87.8%がライブ形式のオンラインセミナーに参加し[*2]、2021年5月に受けた面接のうち、オンライン面接の占める割合は82.7%に上ります[*3]。

　求職者は当初、オンライン採用に困惑していました。しかし、徐々に当たり前のものとして受け入れるようになっています。2020年の調査では、「会社説明会はWeb化してもいいが、1次面接以降は対面での実施が望ま

しい」と回答した求職者は49.2%でした。それに対して、2021年には「全工程（会社説明会〜最終面接）Web化してもかまわない」と回答する人が39.3%となっています[4]。

オンライン採用に対する求職者の抵抗感は薄れてきています。一方で、採用を行う会社側からしてみれば、オンライン採用には難しさがあるようです。例えば、1次面接を「100％Webのみ」で行う会社は、対面の選考を導入する会社より内定辞退率が高いことがわかっています[5]。

課題を読み解く研究知見

オンラインでは、対面より「惹きつけ」がうまくいきません。惹きつけとは、求職者の志望度を高めることを指します。

実際に、オンライン面接は対面の面接と比較して、会話が円滑に進まなかったり、会話の内容の理解が不十分だったり、面接官に対する好意度が低かったりします[6]。

オンライン面接が惹きつけを苦手とするのは、「非言語的手がかり」が関係しています。非言語的手がかりとは言葉以外の情報であり、身振り手振りや服装、視線、体勢、周辺環境などが含まれます。

オンライン面接における候補者の様子　　　　　　出典：AdobeStock

オンラインでは、非言語的手がかりが減ります[7]。例えば、Web会議システムで面接をすると、カメラの視野が限られます[8]。物理的な場を共有していませんし、上半身しか見えていません。視線も合いません。

非言語的手がかりの減少が、次のような理由で、惹きつけの難しさにつながります。

● 感情が伝わりにくくなる

人は、主に非言語的手がかりによって感情を伝えます。「私は悲しい」と言葉で説明するより、泣き顔を見せたほうが悲しさを共有できます。

非言語的手がかりが少なくなると、感情が伝わりにくいため[9]、面接官の熱意を込めた働きかけが求職者に届きにくくなります。結果、惹きつけに悪影響が生じます。

● 会話がスムーズに進行しにくくなる

非言語的手がかりが減ると、会話がスムーズに進まなくなります。特に、視線が合いにくい点は影響大です。パソコンのディスプレイに映し出された相手の目の位置と、カメラの位置はズレています[10]。これにより、相手と目を合わすことが難しくなります。

視線は、会話を成立させる上で重要な役割を果たします。人は視線を確認して、話者交替をしていると言われています[11]。

対面では、相手の視線を頼りに「次は自分が話す番か」と察知することができます。しかし、オンラインでは、それができません。

オンライン面接で会話がやりにくくなると、求職者は困ることになります。「自分の持つ能力を十分に発揮できない」と感じるからです。能力発揮感が得られなかった面接において、求職者が面接官や面接官が所属する会社にポジティブな感情を持つのは困難です。

エビデンスに基づく解決策

　オンライン採用における惹きつけを強化するためには、面接の「構造化」が有効です。構造化とは、面接における質問項目や評価方法を事前に定めることを指します。オンライン面接では、非構造化よりも構造化のほうが、惹きつけが高まることがわかっています[*12]。

　既述のとおり、オンラインは非言語的手がかりの減少によって会話がやりにくくなります。しかし、構造化すれば「今、自分が話す番だ」「この内容について話せばよいのか」と、自分の役割や会話の交替が明確になります。求職者も落ち着いて、自分の話ができます。結果的に、自分の能力を発揮できた感覚が得られ、会社に対してポジティブな印象を持てるようになります。

　では、構造化をどう行っていけばよいのでしょうか。構造化と一口に言っても、さまざまなレベルがあります[*13]。質問項目と評価方法の定め方をそれぞれ概説します。

● 質問項目の構造化とは

　面接における質問項目の構造化には、次の3つのレベルがあります。

・レベル1：話すトピックを決める
・レベル2：質問リストから選ぶ
・レベル3：質問リストのとおりに進める

　構造化を全く行っていない会社の場合は、レベル1から始めるとよいでしょう。何について聞くのかを定めるのがレベル1です。

　トピックを定めて面接を実施するのに慣れてきたら、レベル2の質問リストを作ります。質問項目を作る際には、人材要件を意識しなければなり

ません。自社が欲しい人材像かどうかを確認するのが、面接における質問の役割です。要件と質問が関連づけられていなければ、その質問をする意義は薄れます。

なお、レベル3のように、質問リストに基づいて面接を進行するところまで強い構造化が必要かは、各社の判断に委ねたいと思います。

例えば、人材要件が明確に定まっており、面接で見極めることのできる要件である場合には、レベル3の進め方でも構わないでしょう。

質問項目ですが、事前に求職者に開示しておくのも一策です。とりわけ、企業理解や自己理解につながるような質問の場合には、事前の開示がおすすめです。

例えば、「先月、当社の決算が発表されましたが、そちらを見て当社の強みと弱みを考えてください。次回そのことについて尋ねます」と言っておけば、面接までの間、決算や事業の内容をしっかり調べ、企業理解が深まります。「小学生から現在に至るまで、あなたのモチベーションをグラフ化しておいてください。次回の面接では、アップダウンがあったところの理由を尋ねます」とすれば、求職者の自己理解が深まるでしょう。

● 評価基準の構造化とは

面接を通じた評価方法に関する構造化にも次のようなレベルがあります。

・レベル1：全体的な評価を下す
・レベル2：複数の基準に従って評価を下す
・レベル3：事前に定めた回答に従って評価を下す

レベルが上がるほど、構造化の程度は強くなります。レベル1は、ほとんど構造化せず、総合的に判断している状態です。レベル2になると、基準がありますが、それらを参考にしつつ評価をします。レベル3では、「こ

のような回答の場合は、この評価」などと定まっています。

　質問項目と評価方法を構造化したら、面接官に対してトレーニングを行うのが望ましいでしょう。文書で伝達するだけでは、なかなかイメージしにくいからです。

副作用の可能性とリスクヘッジ

　新型コロナウイルス感染症が猛威を振るう前から、「構造化面接は重要」と言われてきました。ところが、構造化面接は、あまり普及してこなかった現実があります。対面の面接では、構造化しないほうが惹きつけには有効だからです[*12]。

　対面の面接の場合、十分に非言語的手がかりが得られるため、構造化しなくても円滑に会話が進みます。むしろ構造化することで、会話が不自然になります[*14]。

　構造化しなくても自然にコミュニケーションできる対面面接では、構造化がなされると、求職者にとってみれば「自分がテストされている感覚」になります。そのため、惹きつけにはマイナスに作用するのです。

　構造化は、どのような条件でも惹きつけを高めるわけではありません。あくまでオンラインの環境下で構造化は役立つことを理解しておきましょう。

まとめ

課題：オンライン面接で志望度を高めたい

原因	非言語的手がかりが不足している

↓

組織の対策	質問項目と評価方法をあらかじめ設計し、面接官に教育を行う

個人の対策	会社が事前に設計した質問項目に基づいて面接を実施し、評価は事前に設計した方法で行う

↓

副作用	質問項目や評価方法の設計はオンラインではうまくいくが、対面ではむしろ惹きつけにはマイナスである

参 考 文 献

* 1　マイナビ（2021）「2022年卒大学生インターンシップ・就職活動準備実態調査（12月）」
* 2　マイナビ（2021）「2022年卒 学生就職モニター調査 4月の活動状況」
* 3　マイナビ（2021）「2022年卒 学生就職モニター調査 5月の活動状況」
* 4　マイナビ（2021）「2022年卒大学生 活動実態調査」
* 5　マイナビ（2021）「中途採用状況調査」
* 6　Straus, S. G., Miles, J. A., and Levesque, L. L. (2001). The effects of videoconference, telephone, and face-to-face media on interviewer and applicant judgments in employment interviews. Journal of Management, 27(3), 363-381.
* 7　Baltes, B. B. , Dickson, M. W. , Sherman, M. P. , Bauer, C. C., and LaGanke, J. S. (2002). Computer-mediated communication and group decision making: A meta-analysis. Organization Behavior and Human Decision Processes, 87, 156-179.
* 8　Bailenson, J. N. (2021). Nonverbal overload: A theoretical argument for the causes of Zoom fatigue. Technology, Mind, and Behavior, 2(1).
* 9　深田博巳（1998）『インターパーソナルコミュニケーション：対人コミュニケーションの心理学』北大路書房。
* 10　Bohannon, L. S., Herbert, A. M., Pelz, J. B., and Rantanen, E. M. (2013). Eye contact and video-mediated communication: A review. Displays, 34(2), 177-185.
* 11　Goodwin, C. (1980). Restarts, pauses and the achievement of a state of mutual gaze at turn beginning. Sociological Inquiry, 50, 272-302.

* 12 Chapman, D. S. and Rowe, P. M. (2002). The influence of videoconference technology and interview structure on the recruiting function of the employment interview: A field experiment. International Journal of Selection and Assessment, 10(3), 185-197.

* 13 Huffcutt, A. I. and Arthur, W. (1994). Hunter and Hunter (1984) revisited: Interview validity for entry-level jobs. Journal of Applied Psychology, 79(2), 184-190.

* 14 Campion, M. A., Palmer, D. K., and Campion, J. E. (1997). A review of structure in the selection interview. Personnel Psychology, 50, 655-702.

03
候補者の適性を評価したい

よくあるケース

case1 面接の際に、候補者の嘘が見抜けないものかと考えている

case2 採用において、自分の評価が適切であったか自信がない

case3 候補者が自社に本当に合っているのかわからない

現実に起きている問題

　面接官に対する調査では、そのほとんどが「悩みや課題を抱えている」と回答しています。悩みの内容としては、例えば、次のものが挙げられています。

・応募者の本来の性格や人間性を見抜くのが難しい
・本当に能力や経験があるのか見抜くのが難しい
・自社の雰囲気や風土になじむ人材かどうか見抜くのが難しい[1]

　いずれも、候補者の適性を見極めることに関する悩みです。他の調査でも、「早期離職の可能性の高そうな人材を見極められない」「自社に合う人材を見極められない」「本当のことを答えているのか見極められない」と

いった「見極めの悩み」が上位になっています。

　採用する側は、候補者の評価に悩みを抱えています。採用において適切な評価が行えないと、自社に合わない人を雇ってしまうかもしれません。

　こうした事態が実際に発生していることが、候補者への調査結果に現れています。「入社後に面接時とのギャップを感じたことがありますか」という問いに、「ある（非常にある＋ある）」と回答した割合は半数程度に及ぶのです[2]。

課題を読み解く研究知見

　「印象管理」（impression management）の研究を手がかりに、採用評価の問題について検討しましょう。

　印象管理とは、他の人に対してよい印象を与えようとする行動を指します[3]。印象管理は、特殊な人だけが行うのではありません。面接の場面では、ほとんどすべての人が印象管理を行うことが検証されています[4]。

　なぜでしょうか。「高い評価を得ると報酬がもらえる」条件と、特に報酬がない条件に分け、面接を行った研究があります。その研究では、前者の条件のほうが候補者の印象管理が増すことがわかりました[5]。

　採用面接に受かれば、入社できます。候補者にとって面接は、ある種の報酬がかかった重要な実践です。そのため、印象管理が行われやすいのでしょう。

　ここまで「印象管理」と総称してきましたが、細かく見ると、印象管理には2つの種類があります。

①正直な印象管理

　事実に基づいて、自分の見せ方を工夫しようとする印象管理です。

②フェイキング

　嘘に近いものを含む印象管理です。面接でよい評価を得るために、質問への回答を意識的に歪めることを指します[*6]。

エビデンスに基づく解決策

　印象管理をどのように見分けるかに、面接官は大きな課題感を持っています。経験豊富な面接官に対する調査では、「フェイキング」が問題視されており、さらに「自分にはフェイキングを見抜くことができる」と考えられているようです[*7]。

● 面接官に印象管理は見抜けない

　面接官は、候補者のフェイキングを本当に見抜けるのでしょうか。下記の手続きの実験によって、その疑問に答える研究が提出されています。

・面接官が候補者に面接を行い、その様子をビデオ撮影する
・候補者がビデオを見返して、どの瞬間にどのような印象管理を行ったか報告する
・同じビデオを今度は面接官が見て、どの瞬間にどのような印象管理をしていると感じたかを報告する

　この研究では、次のような「正直な印象管理」が行われていました。

・自身の能力を面接官に高く見せる（本来の自分の能力）
・面接官への好意を見せる（本当に好意を持っている）
・面接官の価値観を支持する（本当に価値観に賛同している）
・自分を正当化し、ネガティブな印象を修正する（ただし嘘ではない）

Illustration of Coding and Detection Indicators for Study 1.

Roulin, N., Bangerter, A., and Levashina, J. (2015) *8

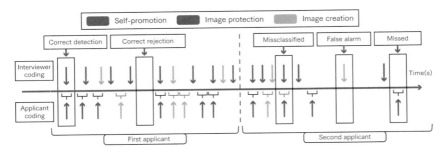

上部が面接官による印象管理の評価、下部が候補者自身による印象管理の評価を表します。両者の評価が重なっている場合、面接官は候補者の印象管理を見抜けたとみなせますが、この研究では、重複は少ないことが明らかになりました。

　他方、次のような「フェイキング」も報告されました。

・自身を飾ったり、相手好みに見せたりする（本来の自分とは異なる）
・他の人の経験や実績を自分のものにする（自分はやったことがない）
・不正直に相手の価値観を支持する（本当は賛同していない）
・好ましくない側面を隠す（本当は持っているのにわざと見せない）

　候補者による正直な印象管理とフェイキングについて、面接官はどれほど見抜けていたのでしょう。結果的に正直な印象管理は13.4％〜29.1％、フェイキングは11.8％〜18.5％ほど見抜けていました[*9]。これは決して高い数値とは言えません。しかも、正直な印象管理よりフェイキングのほうが見抜けていませんでした。

　印象管理を見極められなかったケースとして、「候補者は印象管理をしていないのに、面接官はしていると感じる」こともあれば、「候補者は印象管理をしているのに、面接官はしていないと感じる」こともありました。

残念ながら、経験豊富な面接官であってもそうではなくても、印象管理を見抜ける割合は変わらないという結果も得られています[*10]。

この結果を参考にすると、採用面接において、「面接官は候補者の嘘を見抜ける」とは言えず、「いかに見抜くか」という発想自体を変えなければなりません。

● 印象管理を減らす2つの工夫

印象管理を見抜くのは困難です。そうなると候補者が印象管理をするのを減らす方法を考えたほうが得策です。ここでは、候補者の印象管理を減らす2つの方法を示します。

①検知可能であると警告を出す

面接が始まる前に、「正直でいることは大事です」と述べた条件（道徳的警告条件）と、「これらの質問に答えると、あなたがどのくらい正直かがわかります」と述べた条件（検知可能条件）を設定しました。

両者を比べたところ、検知可能条件のほうが道徳的警告条件よりも、印象管理の回数が少ないことがわかりました[*11]。

こうした結果が得られたのは、「透明性の錯覚」という心理が関係しているのかもしれません。

透明性の錯覚とは、自分の内的状態が相手に見透かされていると実際以上に思ってしまうことです[*12]。「検知できる」と言われたことで、「自分のことは、お見通しなのでは」と感じて、印象管理を控えた可能性があります。

ただし、検知可能条件のような働きかけには、問題もあります。先ほどのとおり、面接官は実際には嘘を見抜けません。にもかかわらず、嘘を見抜けると候補者に伝えるのは、それ自体が嘘ということになります。

候補者の嘘を抑えるために面接官が嘘をつくのは、倫理的に許容される

でしょうか。各社の価値観に基づいて、この方法を取り入れるかどうかは判断していただければと思います。

②自社の選考基準を伝える

フェイキングを増やす要因として、「面接成功を指南するビデオの視聴」や「営利企業のセミナーにおける面接対策の受講」があります。

候補者がどこの企業でも通用するような面接対策をしていると、面接における候補者のフェイキングは多くなります。

こうした事態を防ぐために、どこの企業でも通用する情報ではなく、「自社はどのような候補者を高く評価するのか」という選考基準を明確に伝えることが有効です[*13]。

多くの会社の採用では、選考基準が示されていません。そうなると、候補者にとってみれば、自分の何が評価されているか不明です。そうした中で、全方位的に自分をよく見せようと、印象管理を張り巡らせることになります。

この状況を回避するためには、例えば、3つの選考基準を示し、「この3つを見ているので、それ以外は気にしなくて結構です」と伝えるとよいでしょう。それにより、印象管理の数を減らしていくことができます。

加えて、「選考基準を満たしていない場合には、仮に入社できても、適応に苦労する」ということを共有します。「嘘をついたら、自分にとっても会社にとっても損」と候補者に認識してもらうことで、印象管理の度合いをさらに下げられるでしょう。

担当者から始める明日への一歩

- 面接官が候補者の印象管理を見抜くのはあきらめよう

- 会社の選考基準をあらかじめ候補者に伝えよう

副作用の可能性とリスクヘッジ

　印象管理は、すべての局面でネガティブな影響を与えるものでしょうか。実は、そうではありません。

　例えば、印象管理をしている人ほど、周囲の人からは利他的で誠実性があると見られます。また、好意も持たれます。その結果、よいチームワークが生まれるという側面もあります。

　印象管理が、たとえ本人のために行われていても、周囲には伝わりにくいものです。そのことはフェイキングが見抜けないことからもわかります。印象管理はむしろ、誠実な行動として理解されます。そうして、対人関係の調和が促され、チームの機能を高める可能性があります*14。

　動機はさておき、印象管理を発揮することがただちにマイナスの結果を生み出すわけではないのです。

　同様の研究は他にもあります。上司が印象管理をしているほど、職場の結束力が高い傾向があります。そして、職場における意思決定のプロセスや結果を部下が好意的に受け止めるという結果も出ています*15。

　印象管理は、ある意味で、職場を円滑にするための潤滑油のような役割を果たしているのです。

まとめ

課題：候補者の適性を評価したい

原因	印象管理が見抜けていない

組織の対策	人材要件を定め、選考基準を構築する

個人の対策	面接官が求職者に自社の選考基準を伝える 印象管理は検知できると警告する

副作用	印象管理には、職場の満足度やパフォーマンスを高める側面もある

参 考 文 献

＊1　アイデム人と仕事研究所（2019）「採用面接でのあなたの悩み・課題は？」

＊2　ONE（2018）「採用面接の悩みに関するアンケート調査」

＊3　Leary, M. R., and Kowalski, R. M. (1990). Impression management: A literature review and two-component model. Psychological Bulletin, 107(1), 34-37.

＊4　Ellis, A. P. J., West, B. J., Ryan, A. M., and DeShon, R. P. (2002). The use of impression management tactics in structured interviews: A function of question type?. Journal of Applied Psychology, 87(6), 1200-1208.

＊5　Van Iddekinge, C. H., McFarland, L. A., and Raymark, P. H. (2007). Antecedents of impression management use and effectiveness in a structured interview. Journal of Management, 33(5), 752-773.

＊6　Levashina, J. and Campion, M. A. (2007). Measuring faking in the employment interview: Development and validation of an interview faking behavior scale. Journal of Applied Psychology, 92(6), 1638-1656.

＊7　Robie, C., Tuzinski, K. A., and Bly, P. R. (2006). A survey of assessor beliefs and practices related to faking. Journal of Managerial Psychology, 21(7), 669-681.

＊8　Honest and deceptive impression management in the employment interview: Can it be detected and how does it impact evaluations?. Personnel Psychology, 68(2), 395-444.

＊9　Roulin, N., Bangerter, A., and Levashina, J. (2015). Honest and deceptive impression management in the employment interview: Can it be detected and how does it impact evaluations?. Personnel Psychology, 68(2), 395-444.

＊10　Reinhard, M. A., Scharmach, M., and Muller, P. (2013). It's not what you are, it's what you know: Experience, beliefs, and the detection of deception in employment interviews. Journal of Applied Social

Psychology, 43(3), 467-479.

* 11 Law, S. J., Bourdage, J., and O'Neill, T. A. (2016). To fake or not to fake: Antecedents to interview faking, warning instructions, and its impact on applicant reactions. Frontiers in psychology, 7, 1771.

* 12 Gilovich, T., Savitsky, K., and Medvec, V. H. (1998). The illusion of transparency: Biased assessments of others' ability to read one's emotional states. Journal of Personality and Social Psychology, 75(2), 332-346.

* 13 Schudlik, K., Reinhard, M. A., and Muller, P. (2021). Prepared to fake?: The relationship between applicants' job interview preparation and faking. International Journal of Selection and Assessment, 29(1), 29-54.

* 14 Nguyen, N. T., Seer, A., and Hartman, N. S. (2008). Putting a good face on impression management: Team citizenship and team satisfaction. Journal of Behavioral and Applied Management, 9, 148-168.

* 15 Rozell, E. J. and Gundersen, D. E. (2003). The effect of leader impression management on group perceptions of cohesion, consensus, and communication. Small Group Research, 34, 197-222.

04

リファラル採用を推進したい

よくあるケース

case1	リファラル採用の制度はあるが、使われていない
case2	人事から発信しても、従業員が知人・友人を紹介してくれない
case3	知人・友人に自社を紹介するのは気が引ける

現実に起きている問題

　近年、よく耳にするようになったリファラル採用。リファラル採用とは、従業員が自身の知人・友人を会社に紹介する採用手法です。海外では主要な採用手法の1つであり、日本でも普及しつつあります。

　リファラル採用に関する調査によれば、リファラル採用の制度を設けて実施している企業は約3割、制度はないものの紹介があれば選考する企業が約6割です[*1]。会社としては、リファラル採用に何を期待しているのでしょうか。例えば、次のようなことが挙げられています。

・社員がリアルな情報を伝えるため、安心して入社を決めてくれる
・社員が自社の風土や仕事内容にマッチした人を紹介してくれる
・社員からの声がけにより、気軽に応募してもらえる[*2]

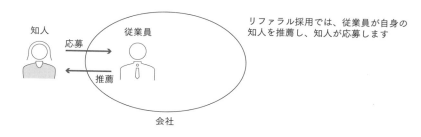

リファラル採用では、従業員が自身の
知人を推薦し、知人が応募します

他方で、「リファラル採用の制度はうまく運用されているか」を尋ねる調査を見ると、「はい」が38％、「いいえ」が31％、「わからない」が31％となっています[*1]。リファラル採用は日本の中でも急速に拡大し、制度化もなされてきています。しかし、運用があまりうまくいっていない会社もありそうです。

制度として導入されても、運用がうまくなされず、従業員が自身の知人・友人を紹介してくれなければ、リファラル採用は始まりません。

すなわち、リファラル採用の運用においては、従業員による「紹介行動」が不可欠です。従業員の紹介行動をどのように促せばよいのでしょうか。

課題を読み解く研究知見

リファラル採用が普及してきたのには理由があります。リファラル採用においては、労働市場には出ていない人材を採用できるというメリットがあります。「いつかは転職したい」「違う仕事をしてみたい」と考えていても、誰もが積極的に転職活動をするわけではありません。そもそも転職を意識していない人もいます。リファラル採用は、こうした人材を獲得できる点で、他の手法とは一線を画します。

リファラル採用は、他の採用手法より効果が高いこともわかっています。

例えば、リファラル採用のほうが他の手法よりも、選考に合格する割合が高く、内定を承諾する可能性が高い傾向にあります[3]。

　リファラル採用の効果は、入社後にも現れます。リファラル採用で入社した従業員は離職しにくく、仕事や会社に対する満足度が高いことが検証されています[4]。どうして、よい効果が生まれるのでしょうか。

　1つの理由として、リファラル採用が高精度のスクリーニング機能を内包している点が挙げられます。従業員は会社に知人・友人を紹介する前に、「この会社に合っているか」を見極めます。そのため、自社にとって必要な人材を紹介してもらえるのです。

エビデンスに基づく解決策

　有効性の高いリファラル採用ですが、従業員が知人・友人を紹介しないと始まりません。紹介行動そのものは業務ではありません。それにもかかわらず、「従業員に紹介行動をいかに取ってもらうか」がポイントです。

　ここでは学術研究をもとに、紹介行動を促す要因を見ていきましょう。

● 会社への愛着

　会社に対する愛着を持っている人ほど、紹介行動を取ります[5]。会社に愛着を持つ人は、会社がよい方向に進むためであれば、努力を惜しみません。紹介行動が会社をよくするものだと認識すれば、がんばって紹介行動を取ろうとします。

● 仕事や会社への満足

　仕事や会社に満足している場合も、紹介行動を取ります。よい環境にいると、自信を持って知人・友人に紹介できるからです。

● 知人・友人を助けたい気持ち

　知人・友人を助けたい気持ちがあることも大事です。紹介行動は、会社にとって有益なだけではありません。知人・友人にとっても有益です。知人・友人の手助けをしたい思いが、従業員を紹介行動に駆り立てます[*6]。

● 自社のポジティブな特徴のイメージ

　自分の会社に関する特徴をイメージできている人も、紹介行動をよく取ります[*7]。そのほうが知人・友人に、胸を張って自社のことを具体的に説明できます。

● 社内での評判

　社内で評判のよい人のほうが紹介行動を起こそうと考えます[*8]。会社から見れば、リファラル採用では、実際に紹介されるまで、どういう人が紹介されるかわかりません。社内で評判のよい人からの紹介の場合、「あの人が言うなら、大丈夫だろう」と信頼してもらえます。このことは、評判のよい従業員が知人・友人を紹介しやすい状況を作り出します。

● 自身がリファラル採用で入社

　従業員自身がリファラル採用で入社している場合や、紹介する仕事に自分が就いたことがある場合も、紹介行動を取る傾向があります[*9]。

　前者はリファラル採用を、身をもって体験しています。後者は、仕事内容について理解できているため、紹介しやすいと言えます。

● 紹介ボーナス

　知人・友人を紹介した従業員に、会社から金銭を含めたお礼が提供される場合、紹介行動が促されます。こうしたお礼のことを「紹介ボーナス」と呼びます。日本では、紹介インセンティブという言い方がされます。

紹介ボーナスは労働法に基づいて行われなければなりませんが、海外の研究によれば、紹介ボーナスがあると、紹介行動を取る可能性が高まります。会社への愛着が低くても、知人・友人の紹介にリスクを感じていても、紹介ボーナスが紹介行動を促します[*10]。

　しかし、紹介ボーナスは諸刃の剣です。紹介ボーナスの額が大きくなると、紹介数は増える一方で、自社には合っていない人材や、あまりよく知らない人材を紹介しようと考えるようになります[*11]。

　紹介ボーナスは、人材の質を問わない場合や、構造化された選抜が整備されている場合に有効です。

　前者の場合、紹介数を増やせる紹介ボーナスは役立ちます。後者の場合、あとできちんと見極めてもらえるので安心です。逆に言えば、これらに該当しないケースでは、紹介ボーナスは危険性があります。

担当者から始める明日への一歩

● 会社への愛着を持つ従業員に、知人・友人の紹介を呼びかけよう

● 社内の評判がよい人に、知人・友人の紹介を呼びかけよう

副作用の可能性とリスクヘッジ

　前述のとおり、リファラル採用は、他の手法と比べても有効な採用方法です。しかし、どのような手法であっても限界は存在します。リファラル採用の限界は、その魅力に伴うものです。

　リファラル採用では、紹介してくれた従業員（紹介者）がいるからこそ、知人・友人（被紹介者）は入社します。被紹介者が入社してから、いくらか時が経ったとします。紹介者が会社を辞めたら、被紹介者は何を思うで

しょうか。

被紹介者は紹介者の立場を考慮したり、紹介してくれたことへの感謝の気持ちを抱いていたりします。そのため、「きちんとパフォーマンスを発揮しなければならない」という、ある種の義務感を持っています。

けれども、紹介者が離職すれば事情は違ってきます。被紹介者のパフォーマンス上昇が抑制されます。「紹介者のためにがんばらなければならない」という義務感が低下することが理由ではないかと考察されています[*12]。

こうしたこともあり、紹介者が離職すると被紹介者も離職する可能性が高まることが明らかになっています[*13]。

リファラル採用を運用する上で、紹介者の定着支援は欠かせません。あるいは、紹介者が抜けたとしても、その会社に残り続けたいと思ってもらえる場を作っていく必要があります。

まとめ

課題：リファラル採用を推進したい	
原因	紹介行動が起こらない

↓

組織の対策	会社に対する愛着が高い従業員や、社内で評判のよい従業員に紹介を依頼する 紹介インセンティブは取り扱い注意
個人の対策	自分の知人・友人に転職を考えている人がいないかを尋ねる

↓

副作用	紹介者が離職すると、被紹介者のパフォーマンスや定着に悪影響が出る可能性がある

参 考 文 献

＊1 エン・ジャパン (2017)「リファラル (社員紹介) 採用について」

＊2 MyRefer(2021)「コロナ禍のリファラル採用調査」

＊3 Burks, S. V., Cowgill, B., Hoffman, M., and Housman, M. (2015). The value of hiring through employee referrals. The Quarterly Journal of Economics, 130, 805-839.

＊4 Zottoli, M. A. and Wanous, J. P. (2000). Recruitment source research: Current status and future directions. Human Resource Management Review, 10(4), 353-382.

＊5 Bloemer, J. (2010). The psychological antecedents of employee referrals. The International Journal of Human Resource Management, 21, 1769-1791.

＊6 Van Hoye, G. (2013). Recruiting through employee referrals: An examination of employees' motives. Human Performance, 26, 451-464.

＊7 Van Hoye, G. (2008). Nursing recruitment: relationship between perceived employer image and nursing employees' recommendations. Journal of Advanced Nursing, 63, 366-375.

＊8 Smith, S. S. (2005). "Don't put my name on it": Social capital activation and job-finding assistance among the black urban poor. American Journal of Sociology, 111, 1-57.

＊9 Fernandez, R. and Castilla, E. (2001). How much is that network worth?: Social capital returns for referring prospective hires. In N. Lin, K. Cook, R. Burt (eds.) Social Capital: Theory and Research. Aldine De Gruyter, New York.

＊10 Pieper, J. R., Greenwald, J. M., and Schlachter, S. D. (2018). Motivating employee referrals: The interactive effects of the referral bonus, perceived risk in referring, and affective commitment. Human Resource Management, 57, 1159-1174.

＊11 Bond, B. M., Labuzova, T., and Fernandez, R. M. (2018). At the expense of quality. Sociological Science, 5, 380-401.

＊12 Castilla, E. J. (2005). Social networks and employee performance in a call center. American Journal of Sociology, 110(5), 1243-1283.

＊13 Fernandez, R. M., Castilla, E. J., and Moore, P. (2000). Social capital at work: Networks and employment at a phone center. American Journal of Sociology, 105, 1288-1356.

Part 2

マネジャーに
まつわる処方箋

05

マネジャーの部下育成力を高めたい

よくあるケース

case1　部下の育成に力を入れないマネジャーがいる

case2　上司はプレイングマネジャーであるため、いつも忙しそう

case3　部下の可能性に気づいてあげられていない

現実に起きている問題

マネジャーの役割の1つに、部下育成があります。しかし、近年はプレイングマネジャー化が進み、マネジャーは多忙です。部下育成の時間を確保できないマネジャーも珍しくありません。

上司による部下育成の問題は、さまざまな企業で起きています。新任マネジャーをめぐる育成上の課題に関する調査があります。「部下育成力・コーチング力」「マネジャーとしての役割認識」「リーダーシップ」が課題として多く挙げられました。

そうしたこともあってか、「今後、新任マネジャー研修に取り入れたい内容」について、「コーチング」「リーダーシップ」「マネジメント」など

の回答が見られます[*1]。ここでは、部下育成の手段である「コーチング」に着目してみましょう。部下に対してコーチングできるようになるために、まずはマネジャー自身がコーチングを受ける必要があります。

　マネジャーになってコーチングを受けている人を対象にした調査によれば、マネジャーになって以降に受けたコーチの人数として、1人（55.3%）、2人（26.7%）、3人（12.6%）という回答が得られています。

　コーチングを受けたきっかけを尋ねると、最も多かったのが「勤務先の会社から要請があった」です。次点で「自分で必要性を感じて自分で申し込んだ（費用は会社負担）」が続きます。費用を自己負担してコーチングを受けた人は1割未満でした[*2]。

課題を読み解く研究知見

　部下育成の課題にアプローチするため、コーチングの研究を掘り下げましょう。そもそもコーチングとは何でしょうか。それは、目標に焦点を置いた、1対1の、学習を促す介入です[*3]。コーチとの相互作用の中で目標を立て、そこへ向けて自分を変えていくプロセスがコーチングです。

　コーチングと言うと、エグゼクティブコーチングをイメージする方が多いかもしれません。しかし、コーチングの対象はエグゼクティブ層に限りません。広くさまざまな役職の従業員を対象に実践されています。

　コーチングはどのような流れで行われるのでしょうか。3つの次元からコーチングは構成されると言われています。

①ガイダンス

コーチが成果に関するフィードバックを行い、改善方法を伝えます。例えば、

・改善すべき点についてフィードバックをする

・パフォーマンス向上のための提案をする

・パフォーマンスに対する期待を伝える

といった行動がガイダンスに含まれます。

②ファシリテーション

コーチが相手の問題解決に向けた検討を支援していきます。例えば、

・アイデアを発展させるための支援をする

・問題解決のための創造的な思考を促す

・新しい選択肢を探り、試すように促す

のがファシリテーションです。

③インスピレーション

相手が自分の可能性に気づき、伸ばすように働きかけます。例えば、

・成長できるという自信を与える

・継続的な改善を促す

・新しいことに挑戦するのを支援する[4]

という行動を取るのがインスピレーションにあたります。

これまでに蓄積されてきたコーチング研究を統合的に分析した論文によれば、コーチングには効果があることが明らかになっています。具体的に

は、コーチングを行うことで、

- パフォーマンスやスキルが高まる
- 幸福感や健康状態が良好なものになる
- ストレスへの対処ができるようになる
- 会社や仕事に満足するようになる
- 会社に対する愛着が高まる
- 目標を設定したり達成したりする

という効果が得られます[*5]。

エビデンスに基づく解決策

　コーチングを実践するなら、できる限り大きな効果を得たいものです。コーチングの成功を近づける要因を5つに整理できます[*6]。これらの要因を踏まえることで、コーチングの効果を高められます。

①自己効力感

　コーチングをパフォーマンス向上につなげるには、相手の自己効力感を醸成する必要があります[*7]。自己効力感とは、特定の行動をうまく取れる自信を指します（自己効力感の詳細は144ページを参照）。

　いくらコーチングを行っても、「私はその行動を取れそうだ」という自信が湧かなければ、行動変容は起きません。上司が部下にコーチングするケースでは、無理な行動変容を課すことのないように注意しましょう。

　コーチ側の自己効力感も重要です。コーチも「自分はうまくやれる」と思えなければ、相手の成果を促していくことができません[*8]。

②モチベーション

　コーチングに際して、相手がモチベーションを持って臨むことが重要です。特に、コーチング後のパフォーマンス向上への意欲がなければ、コーチングを通じた望ましい効果は得られません。

　例えば、嫌々コーチングを受けても、成長はできないのです。上司が部下のコーチングを行う際は、部下の心の準備を整える時間を設けるようにしましょう。

③学習目標志向性

「学習目標志向性」とは、自分の能力向上を狙う姿勢を意味します。コーチングを実施する時に、相手の学習目標志向性が高いほど、能力開発が促されます[*9]。学習目標志向性が高いと、成長に向けて行動をするからです。コーチングに当たって、部下の学習目標志向性を高める支援が欠かせません。

④コーチへの信頼

　身も蓋（ふた）もない話ですが、相手がコーチのことを信頼しているほど、コーチングの成果は高まります[*10]。上司が部下をコーチングする場合、まずは部下からの信頼を得なければなりません。良好な関係にない部下に対してコーチングをしても、よい結果は導き出せません。

⑤上司からのサポート

　社外の人がコーチを務める場合は、上司が支援を行うことで、コーチとの協力関係が醸成されやすいことがわかっています[*11]。上司の支援なしでコーチングだけを受けに行っても、なかなかうまくいかないということです。

上司　　　　　　　　　　受け手　　　　　　コーチ

上司からのサポート　　　　　コーチへの信頼

自己効力感の醸成
モチベーションの高さ
学習目標志向性の高さ

担当者から始める明日への一歩

● コーチングする前に、信頼関係を構築しよう

● コーチングに際して、部下が能力開発を志向するように働きかけよう

副作用の可能性とリスクヘッジ

　すでに見てきたとおり、コーチングは概して効果的です。ところが特定の条件下では、コーチングがマイナスの影響をもたらす可能性もあります。

● フィードバック受容性が低いと逆効果

　フィードバック受容性とは、フィードバックを歓迎する態度のことです[12]。フィードバック受容性が高い場合、学習目標志向性が高いほど会社への愛着が上昇します。しかし、フィードバック受容性が低い場合、学習目標志向性が高いほど会社への愛着が低下します[13]。

　フィードバックを歓迎する姿勢がなければ、コーチングは意味をなしません。むしろ「余計なことをするな」と抵抗感を覚え、「無意味なことをする会社だ」と、会社への愛着が低くなってしまうのです。

● コーチの負担も忘れてはならない

コーチングを行うコーチ自身に対する効果は、プラスのものもあれば、マイナスのものもあります。

まず、プラスの効果を挙げましょう。コーチングを行うことで、コーチは達成感を得られます。そして、会社や仕事に対して満足します。

他方で、マイナスの効果もあります。コーチングを実践することによって、役割過多の状態に陥るのです。普段の仕事に加えてコーチングをすると負担が増し、疲れてしまいます。

上司がコーチの役割も担う場合、会社からの支援が少なければ役割過多になります。その結果、コーチの達成感は減少することがわかっています[14]。育成を担う上司に対しても、会社からの支援が必要です。

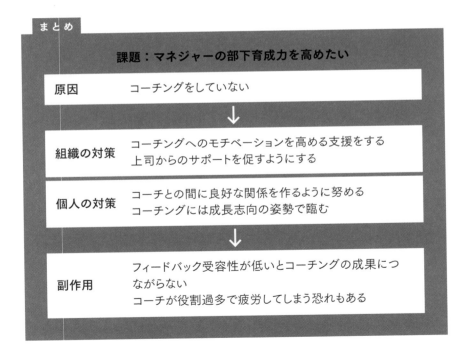

まとめ

課題：マネジャーの部下育成力を高めたい

原因	コーチングをしていない

↓

組織の対策	コーチングへのモチベーションを高める支援をする 上司からのサポートを促すようにする

個人の対策	コーチとの間に良好な関係を作るように努める コーチングには成長志向の姿勢で臨む

↓

副作用	フィードバック受容性が低いとコーチングの成果につながらない コーチが役割過多で疲労してしまう恐れもある

参 考 文 献

* 1 HR総研（2016）「『HR総研 人事白書2016』人材育成に関する調査結果」
* 2 藤村直子（2013）「管理職にとって、コーチングの有用感を分かつものは何か」『RMS Message』第31巻、14-21頁。
* 3 Smither, J. W. (2011). Can psychotherapy research serve as a guide for research about executive coaching?: An agenda for the next decade. Journal of Business and Psychology, 26, 135-145.
* 4 Heslin, P. A., Vandewalle, D. O. N., and Latham, G. P. (2006). Keen to help?: Managers' implicit person theories and their subsequent employee coaching. Personnel Psychology, 59, 871-902.
* 5 Theeboom, T., Beersma, B., and van Vianen, A. E. (2013). Does coaching work?: A meta-analysis on the effects of coaching on individual level outcomes in an organizational context. The Journal of Positive Psychology, 9, 1-18.
* 6 Bozer, G. and Jones, R. J. (2018). Understanding the factors that determine workplace coaching effectiveness: A systematic literature review. European Journal of Work and Organizational Psychology, 27, 342-361.
* 7 de Haan, E., Duckworth, A., Birch, D., and Jones, C. (2013). Executive coaching outcome research: The contribution of common factors such as relationship, personality match, and self-efficacy. Consulting Psychology Journal: Practice and Research, 65(1), 40-57.
* 8 de Haan, E., Grant, A. M., Burger, Y., and Eriksson, P.-O. (2016). A large-scale study of executive and workplace coaching: The relative contributions of relationship, personality match, and self-efficacy. Consulting Psychology Journal: Practice and Research, 68(3), 189-207.
* 9 Scriffignano, R. S. (2011). Coaching within organisations: Examining the influence of goal orientation on leaders' professional development. Coaching: An International Journal of Theory, Research and Practice, 4(1), 20-31.
* 10 Boyce, L. A., Jackson, R. J., and Neal, L. J. (2010). Building successful leadership coaching relationships: Examining impact of matching criteria in a leadership coaching program. Journal of Management Development, 29(10), 914-931.
* 11 Baron, L. and Morin, L. (2009) The coach-coachee relationship in executive coaching: A field study. Human Resource Development Quarterly, 20, 85-106.
* 12 London, M. and Smither, J. W. (2002). Feedback orientation, feedback culture, and the longitudinal performance management process. Human Resource Management Review, 12(1), 81-100.
* 13 Bozer, G., Sarros, J. C., and Santora, J. C. (2013). The role of coachee characteristics in executive coaching for effective sustainability. Journal of Management Development, 32(3), 277-294.
* 14 She, Z., Li, B., Li, Q., London, M., and Yang, B. (2019). The double-edged sword of coaching: Relationships between managers' coaching and their feelings of personal accomplishment and role overload. Human Resource Development Quarterly, 30, 245-266.

06

マネジャーの部下サポート力を高めたい

現実に起きている問題

　上司から十分な支援を得られていない。そうした部下の不満は、以前からよく聞きます。実際に、「部下から見て上司が十分な行動を取っていないと思うもの」を調査した結果があります。「部下のキャリア形成や人材育成に対する支援」「コスト意識を重視した業務運営や改善・改革」「適切かつ柔軟な業務分担」が挙げられました。上司からの支援は足りていないようです。

　他方で、上司の立場から、部下支援の問題はどう見えているのでしょうか。「上司から見て自分自身が十分な行動を取れていないと思うもの」を尋ねた結果、「部下のキャリア形成や人材育成に対する支援」と回答する

人が最も多く見られました[*1]。「部下を支援できていない」と上司も感じているようです。

　上司から部下への支援は、若手の従業員にとって特に大事です。例えば、入社2年目の従業員を対象にした調査を確認しましょう。自分から周囲に対して支援を求める必要性について、「増加した」（「増えた」9.9%＋「やや増えた」26.0%）と回答する人が多い傾向があります。しかし、上司からの業務上の支援は「変わらない」（54.5%）と認識しています[*2]。

　2年目の従業員は支援を一層求めているのに、上司からの支援は十分ではない様子がうかがえます。

課題を読み解く研究知見

　上司から部下に対する支援は、学術的には「上司サポート」（supervisor support）と呼ばれます。上司サポートは「上司がどの程度支援しているかについて部下が抱く知覚」と定義されます[*3]。

　この定義には、1つポイントがあります。上司が実際にどれほど支援しているかではなく、あくまで部下が上司からの支援を認識しているかどうかを問題にしている点です。部下に対して、

・あなたの上司は、あなたが自分のキャリア目標を達成できるかどうかを気にかけてくれますか
・あなたの上司は、あなたのパフォーマンスについて有益なフィードバックをくれますか
・あなたの上司は、あなたが仕事で何か重要なことを成し遂げた時には、あなたが評価されるようにしてくれますか[*4]

という質問を投げた時に、肯定的な回答ができる場合、部下は高い上司

サポートを得られています。

　上司サポートの内容ですが、「道具的支援」と「情緒的支援」に分けることができます。

・道具的支援：部下が業務を進める上での支援を指します。例えば、助言やフィードバックが道具的支援にあたります。
・情緒的支援：部下の感情面のケアのことです。例えば、愚痴を聞いたり、慰めたり、励ましたりする支援を指します。

　上司サポートが得られるのは、部下にとって重要なことです。上司サポートが高いと、「上司」への印象がよくなるだけではなく、「会社」から支援されている感覚も高まります。その結果、会社や仕事に対する満足感や会社に対する愛着が高まり、離職したい気持ちが抑えられます[*5]。

　こうした結果を見ると、上司は会社の代表者として部下から認識されている、と考えられなくもありません。上司サポートが不足すると、会社からの支援も得られていないと感じ、会社に対して負の感情が芽生えてくる可能性があります。

エビデンスに基づく解決策

● 共有された体験があると支援する

　上司サポートを促すために、何が必要でしょうか。このことを考える上で、重要な概念があります。「共有されたリアリティ」という概念です。

　経験を共有していることが関係構築の基礎となるという考え方を取るのが、共有されたリアリティです[*6]。

　例えば、同じ大学や地方出身の人とは、意気投合しやすいと感じませんか？ それは、リアリティを共有していると感じるからです。

共有されたリアリティの概念を踏まえると、上司と部下が類似した環境にいるほど上司が部下のことを「仲間だ」と認識し、部下に対する支援が増えると言えます[*7]。

　1つ例を挙げましょう。仕事と家庭の葛藤を抱えている部下がいるとします。上司も同じく仕事と家庭の葛藤を抱えていれば、同じ立場の部下を心配します。その結果、上司サポートは高まります。

● **上司サポートが評価される環境があれば支援する**

　上司サポートを促すのは、共有されたリアリティだけではありません。他にも、上司サポートの促進要因があります。

　まずは、上司サポートが評価される仕組みがあることです。上司サポートをよしとする会社の制度があれば、上司サポートは多く取られます。

　次に、支援のためのインフラがあることです[*7]。上司サポートをしやすい環境があることを意味します。

　例えば、さまざまな制度が充実し、また、上司への情報共有がなされていれば、上司から部下に「この制度を使ってみたら、どうですか」と勧められます。すべての支援をゼロから立ち上げる必要があると、腰が重くなります。会社としての環境整備も進めましょう。

担当者から始める明日への一歩

- 部下と上司の間で共通点を見つけよう

- 上司が部下を支援することを評価しよう

副作用の可能性とリスクヘッジ

　上司サポートはプラスの効果を生み出すことをすでに確認しました。ところが、マイナスの影響を及ぼすケースがないわけではありません。上司が部下を支援したほうが、よくない状況になるケースです。

● 上司の非倫理的行動を隠蔽する

　部下が上司サポートを得ていると、互恵性の感覚が生まれます。「支援してもらっているのだから、お返ししなければならない」。これが互恵性の感覚です。厄介なのは、この互恵性の感覚が、時に、上司のための非倫理的行動を取ることに向いてしまう点です[*8]。

上司からのサポートがもたらす弊害　　　　　　　　　　　　　　　　　　　　著者作成

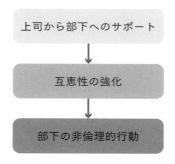

上司から部下へのサポート

↓

互恵性の強化

↓

部下の非倫理的行動

　例えば、「上司には、いつもお世話になっているし、このぐらい黙っておこう」と上司に関するネガティブな情報を、部下が周囲に隠す可能性があります。あるいは、上司の働きぶりを誇張するかもしれません。
　こうした部下の傾向には、上司自身も注意を払ったほうがよいでしょう。部下の成長や、業務の円滑な遂行を願って行われるのが、上司サポート

です。しかし、そのことが互恵性をもたらし、非倫理的行動へと部下を走らせてしまうのは、本末転倒です。

● 批判に対してネガティブな影響が出やすい人もいる

すべての上司サポートが、すべての部下にとって心地のよいものではありません。例えば、「もっとこうしたほうがよい」「この点をもっとがんばろう」といった指摘をすることもあるでしょう。耳の痛い助言もまた、上司サポートの一側面です。

しかし、こうした助言を受けて、悩んでしまう部下もいます。とりわけ、自分自身に対する評価が低かったり、ワークライフバランスに問題を抱えていたりすると、辛い思いを抱きやすいと言われています[*9]。

まとめ

課題：マネジャーの部下サポート力を高めたい	
原因	上司サポートが低い

↓

組織の対策	上司サポートを評価する仕組みを作る 上司サポートが行いやすいような制度を準備する
個人の対策	上司と部下の間で共通点を見つけると、上司サポートが増える

↓

副作用	上司サポートが上司との互恵性を高め、上司のための非倫理的行動につながる 上司サポートがネガティブな感情を伴う場合もある

参 考 文 献

＊1　内閣官房内閣人事局（2017）「管理職のマネジメント能力に関するアンケート調査」
＊2　リクルートマネジメントソリューションズ（2021）「新卒入社1年目オンボーディング実態調査」
＊3　Thoits, P. A. (1985). Social support and psychological well-being: Theoretical possibilities. In I. G. Sarason and B. R. Sarason (Eds.), Social Support: Theory, Research, and Applications. Dordrecht, Netherlands: Martinus Nijhoff.
＊4　Greenhaus, J. H., Parasuraman, S., and Wormley, W. M. (1990). Effects of race on organizational experiences, job performance evaluations, and career outcomes. Academy of Management Journal, 33(1), 64-86.
＊5　Ng, T. W. and Sorensen, K. L. (2008). Toward a further understanding of the relationships between perceptions of support and work attitudes: A meta-analysis. Group & Organization Management, 33, 243-268.
＊6　Hardin, C. D. and Higgins, E. T. (1996). Shared reality: How social verification makes the subjective objective. In R. M. Sorrentino and E. T. Higgins (Eds.), Handbook of Motivation and Cognition, Vol. 3. The interpersonal context. The Guilford Press.
＊7　Straub, C. (2012). Antecedents and organizational consequences of family supportive supervisor behavior: A multilevel conceptual framework for research. Human Resource Management Review, 22, 15-26.
＊8　Li, S., Jain, K., and Tzini, K. (2021). When supervisor support backfires: The link between perceived supervisor support and unethical pro-supervisor behavior. Journal of Business Ethics, 1-19.
＊9　Nahum-Shani, I., Henderson, M. M., Lim, S., and Vinokur, A. D. (2014). Supervisor support: Does supervisor support buffer or exacerbate the adverse effects of supervisor undermining?. Journal of Applied Psychology, 99(3), 484.

07

上司と部下の関係性を
改善したい

よくあるケース

case1 上司とウマが合わずに悩んでいる

case2 上司あるいは部下の考えていることがよくわからない

case3 上司が自分のことを守ってくれない

現実に起きている問題

　上司との関係構築は、ビジネスパーソンにとって切実な問題です。ところが、上司部下関係の良好度を国際比較すると、日本はダントツの最下位という結果が得られています[*1]。

　また、上司と部下のコミュニケーションについて、「上司が話している時間のほうが長い」という回答が多く、「部下が話している時間のほうが長い」という回答は少なくなっています。上司と部下の間で双方向のやり取りができていません。

　別の調査でも、上司部下関係の課題が浮き彫りになっています。「部下の個性や事情を理解できている」と感じている上司は61.7％いるのに対し、

「上司に個性を理解してもらっている」と感じる部下は42.2%でした[*2]。

　上司は「部下を理解している」と考えていますが、部下は「上司には理解してもらっていない」と考えているのです。

　部下にとって上司は重要な他者です。上司との関係性が良好であるに越したことはありません。しかし、現実はそうなっていないようです。どうすればよいのでしょうか。

課題を読み解く研究知見

● LMXは上司部下関係の質を表す

　上司部下関係を読み解く上で参考になるのは、「LMX（leader-member exchange）」という概念です。LMXは「上司と部下の関係性の質」を意味します[*3]。まさに今回の課題に直接関連する概念です。

　LMXは、伝統的なリーダーシップ研究に対する疑問から誕生しています。リーダーシップ研究の中には、「リーダーがすべての部下に対して同じように接している」という前提を持つものが少なくありません。

　しかし現実問題、この前提は妥当でしょうか。例えば、1人の上司に5人の部下がいたら、5人それぞれに異なる接し方をしているのではないでしょうか。こうした個別の上司部下関係に関心を払うのが、LMXです[*4]。

　LMXが高い、すなわち、上司部下関係の質がよいというのは、部下から見て、

・上司は、私のニーズを理解してくれている
・上司は、自分を犠牲にしてでも、私を助けてくれる
・上司がいなくても、私は上司の決めたことを擁護する

といった感覚になれている状態を指します[*5]。LMXは部下が評価するも

のであるという視点は大事です。部下にとってよい関係が築けていないと、良質な上司部下関係とは言えません。

● LMXが高いほどパフォーマンスも高い

LMXが高いことに、どのような意義があるのでしょうか。これまでの研究によると、LMXが高いほど、

・部下が離職しようと思わない
・実際に部下が離職しない
・部下の仕事上の役割が明確になる
・部下が複数の役割の間で板挟みに遭いにくい
・部下が会社に有益な役割外行動を自主的に取る
・部下の仕事のパフォーマンスが高い
・部下が会社や仕事に満足している
・部下が会社に対して高い公正感を覚えている

などといった傾向があります[6]。

LMXが高めるのは、仕事のパフォーマンスだけではありません。仕事をサボるなどのネガティブな行動も抑えます[7]。LMXの効果は多様な側面に現れており、上司部下関係の重要性がうかがえます。

なお、部下が仕事に自律性や重要性を感じている場合、LMXがもたらすよい効果は減少します[8]。部下が個人として充足している時に、上司との関係性がそこまで影響を及ぼさないのは、ある意味で当然です。

エビデンスに基づく解決策

LMXを促す要因に関する研究も蓄積されています[6]。LMXの要因は、

「部下」に関するものと「上司」に関するものに大別できます。

● 部下の能力、感情、態度がLMXに影響する

　まず、「部下」に関する要因に目を向けてみましょう。過去の多くの研究を統合的に分析した結果、

・部下の能力や知識が高い
・部下が熱心さや楽観性を示すなどポジティブな感情を持っている
・部下が不安や疲労などのネガティブな感情を持っていない
・部下が自分の行動の原因を自分に求めている

ほど、LMXが高いことがわかっています。部下の能力、感情、態度が上司との関係性に影響を与えています。

● 上司からの働きかけがLMXを高める

　他方で、「上司」に関する要因としては、

・上司が交換型リーダーシップを発揮していること
・上司が変革型リーダーシップを発揮していること
・上司が部下の成功を期待していること

といったものが挙げられます。
　交換型リーダーシップは、メンバーの行動や成果に対して報奨や懲罰を与えるスタイル、変革型リーダーシップは、交換関係を超えてメンバーに強い影響を与えるスタイルを指します（詳細は068ページを参照）。
　上司が部下に対して、成功を期待しつつ働きかけを行うことで、LMXは高められます。

副作用の可能性とリスクヘッジ

　ここまで、LMXという概念を通じて、人は「自分が上司とどのような関係性にあるか」を重視することを示してきました。しかし、実のところ、部下は自分と上司との関係性を「絶対的」なものとしてのみ捉えるのではありません。「『他の部下と比べて』よりよい関係にあるか」という「相対的」な観点もあります。

　LMXを他者と比べずに考える場合と、他者と比べて考える場合とでは、少し意味合いが違ってきます。前者はこれまで紹介してきたLMXですが、後者は「相対的LMX」（relative LMX）と呼ばれます。

LMXと相対的LMXの違い

著者作成

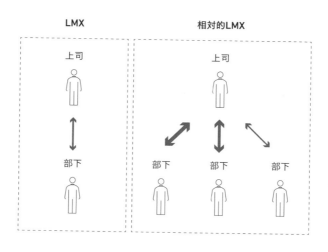

● 相対的LMXもまたパフォーマンスに影響する

　相対的LMXが高いというのは、「その部下が他の部下よりも上司とよい関係にあると感じている」状態です。相対的LMXが高い部下ほど、会社との間の暗黙の約束事を守ってもらっているという感覚を得られやすいことが検証されています。この傾向は、職場の中でLMXがばらついているほうが強くなります[*9]。

　同じ上司のもとで働く部下が複数名いたとします。ある人とは非常によい関係にある一方で、別の人とは非常に悪い関係にある場合、LMXがばらついています。そのような時に、部下は他の部下と比べて自分と上司の関係はどうか、という点を気にするのです[*10]。

　相対的LMXは、パフォーマンスにも影響を与えます。相対的LMXが高いほど、職場に対する帰属意識が高まる上に、仕事のパフォーマンスも上昇します[*11]。「自分は他の人より上司からかわいがられている」と感じると、その職場に愛着を持ち、仕事に尽力します。しかし、「自分は他の人より上司との関係がよくない」と感じると、逆の効果が出てしまいます。

● サーバントリーダーシップが大事になる

　相対的LMXは人間心理の難しさを表しています。とはいえ、「相対的LMXを持つな」と命令するわけにはいきません。相対的LMXに対処するために、上司ができることを考えなければなりません。

　上司による対処の切り口になるのは、「サーバントリーダーシップ」です[*12]。サーバントリーダーシップとは、自分のニーズよりも部下のニーズを優先した行動を取ることです。

　部下が直面している状況を理解し、部下の求めるものを提供することで、「この職場にはLMXにばらつきがある」と認識されにくい、という報告があります。自分のことをきちんと理解してくれる上司であれば、部下は相対的LMXを気にせずに済みます。

まとめ

課題：上司と部下の関係性を改善したい

原因	LMX が低い

↓

組織対策	上司のリーダーシップを高める 上司が部下の成功を期待する

個人の対策	部下の能力を高める 部下がネガティブではなくポジティブな感情を持つ 部下が自己責任感を持つ

↓

副作用	他者と比べてどうかが影響を与える側面がある 部下のニーズに寄り添うリーダーシップが重要

参 考 文 献

＊1　コーチング研究所(2015)「組織とリーダーに関するグローバル価値観調査2015」

＊2　カオナビ(2019)「『上司と部下の関係性』に関する調査結果」

＊3　Graen, G. B., Novak, M. A., and Sommerkamp, P. (1982). The effects of leader-member exchange and job design on productivity and satisfaction: Testing a dual attachment model. Organizational Behavior & Human Performance, 30(1), 109-131.

＊4　Schriesheim, C. A., Castro, S. L., and Cogliser, C. C. (1999). Leader-member exchange (LMX) research: A comprehensive review of theory, measurement, and data-analytic practices. The Leadership Quarterly, 10, 63-113.

＊5　Graen, G. B. and Uhl-Bien, M. (1995). Relationship-based approach to leadership: Development of leader-member exchange (LMX) theory of leadership over 25 years: Applying a multi-level multi-domain perspective. The Leadership Quarterly, 6(2), 219-247.

＊6　Dulebohn, J. H., Bommer, W. H., Liden, R. C., Brouer, R. L., and Ferris, G. R. (2012). A meta-analysis of antecedents and consequences of leader-member exchange: Integrating the past with an eye toward the future. Journal of Management, 38, 1715-1759.

＊7　Martin, R., Guillaume, Y., Thomas, G., Lee, A., and Epitropaki, O. (2016). Leader-member exchange (LMX) and performance: A meta‒analytic review. Personnel Psychology, 69, 67-121.

＊8　Chen, Z., Lam, W., and Zhong, J. A. (2007). Leader-member exchange and member performance: A new look at individual-level negative feedback-seeking behavior and team-level empowerment climate. Journal of Applied Psychology, 92(1), 202-212.

* 9 Henderson, D. J., Wayne, S. J., Shore, L. M., Bommer, W. H., and Tetrick, L. E. (2008). Leader-member exchange: Differentiation, and psychological contract fulfillment: A multilevel examination. Journal of Applied Psychology, 93, 1208-1219.

* 10 Vidyarthi, P. R., Liden, R. C., Anand, S., Erdogan, B., and Ghosh, S. (2010). Where do I stand? Examining the effects of leader-member exchange social comparison on employee work behaviors. Journal of Applied Psychology, 95, 849-861.

* 11 Herman, H. M., Ashkanasy, N. M., and Dasborough, M. T. (2012). Relative leader-member exchange, negative affectivity and social identification: A moderated-mediation examination. The Leadership Quarterly, 23(3), 354-366.

* 12 Chiniara, M. and Bentein, K. (2018). The servant leadership advantage: When perceiving low differentiation in leader-member relationship quality influences team cohesion, team task performance and service OCB. The Leadership Quarterly, 29(2), 333-345.

08

次世代リーダーを
育成したい

よくあるケース

case1　社内に次のリーダー候補が十分にいない

case2　リーダーシップ研修をしているが、あまり効果が出ていない

case3　リーダー候補にどのような仕事を与えればよいかわからない

現実に起きている問題

　次世代リーダーとは、会社の将来を支える人材を指します。次世代リーダーの育成については、重要性が指摘されています。

　現在の人事課題を問う調査でも、3〜5年後の人事課題を問う調査でも、「次世代リーダー育成」が1位となっています[*1]。

　しかし、5年後、10年後、20年後の候補者が充足できている割合を見てみると、それぞれ59.5％、55％、36.6％となっています[*2]。5年後でも4割ほどは該当人材がいません。将来の候補者になればなるほど割合が小さくなっています。次世代リーダー育成は、短期的にも中長期的にも取り組むべき課題であることがわかります。

次世代リーダーの不足が多くの会社で悩みの種になるのは、なぜでしょうか。1つには、リーダーの育成に時間がかかるからです。数年どころか、何十年といった時間を要することもあります。次世代リーダーは基礎的な能力を得た後、場数を踏みながら育っていきます。リーダーシップ研修を受けても、それが本当の意味で身につくのは先の話です[*3]。

　次世代リーダーの育成はニーズが高いものの、打ち手が見えにくい領域でもあります。次世代リーダーをどのように育てていけばいいのでしょうか。

課題を読み解く研究知見

● リーダーシップには交換型と変革型がある

　次世代リーダー育成という課題を読み解くために、「リーダーシップとは何か」を整理しましょう。リーダーシップを理解する上で、わかりやすい枠組みがあります。「交換型リーダーシップ」と「変革型リーダーシップ」の2つです。

　交換型リーダーシップとは、リーダーの働きかけに応える代わりに、フォロワーに報酬を与えるものです[*4]。交換型リーダーシップの中でも特に、リーダーがフォロワーに期待を示し、フォロワーが達成したらリターンを提供することを「随伴報酬」（contingent reward）と呼びます[*5]。

　交換型リーダーシップは、

・昇給や昇進のために必要なことをフォロワーに説明する
・フォロワーの仕事の質をチェックする
・フォロワーに進捗状況を報告するように求める

といった行動に現れます[*6]。

他方で、変革型リーダーシップは、交換関係を超えて人を動かすリーダーシップのことです。変革型リーダーシップの中には、

・自分の理想について確信を持ってフォロワーに語る
・フォロワーに対して、問題をさまざまな角度から見るように促す
・フォロワーが新しい能力を身につけるための助言を行う

などの行動が含まれます[*6]。皆さんの周りには、部下に「ついていきたい」と思わせるような上司はいますか。そのような上司は変革型リーダーシップが発揮できています。

　これまでの研究によって、変革型リーダーシップは、

・理想化された影響（idealized influence）：高い目標や理想を掲げ、フォロワーに感銘を与える
・インスピレーション（inspirational motivation）：フォロワーに働く上での意義を示して、鼓舞する
・知的刺激（intellectual stimulation）：フォロワーに新しい視点を提供し、革新への意欲を高める
・個への配慮（individualized consideration）：メンターとしてフォロワーに学習機会を提供する

という4つの要素から成り立つことが明らかになっています[*7]。

● 交換型と変革型は効果が異なっている

　交換型リーダーシップと変革型リーダーシップは、フォロワーに与える効果が異なっています。

　変革型リーダーシップは、フォロワーの職務満足やモチベーションな

どを促します[*5]。変革型リーダーシップを発揮すれば、フォロワーが役割を超えたパフォーマンス（文脈パフォーマンス）を取るようになったり、職場のパフォーマンスが高まったりします[*8]。

対して、交換型リーダーシップは、決まったタスクを漏れなく行う際に、強さを発揮します[*9]。

個人の役割内での成果を高めるなら「交換型リーダーシップ」、役割を超えた成果や職場の力を底上げしていくなら「変革型リーダーシップ」といった使い分けが求められます。

交換型リーダーシップは、リーダー自身のパフォーマンスが高い点も特徴的です[*5]。プレイングマネジャーのように、フォロワーのタスク管理を細かく行いながら、自分自身も業務を遂行していきます。

リーダー自身も成果を上げるのが交換型リーダーシップ、フォロワーの成果を引き出すのが変革型リーダーシップと区別できます。

● 変革型リーダーシップが求められてきた

リーダーシップ研究の歴史を振り返ると、もともとは、リーダーシップの「資質」を明らかにしようとする研究が盛んでした。その後、有効なリーダーシップ「行動」を解明するアプローチが人気になり、やがて、リーダーとフォロワーの「相互作用」に関心が移りました。交換型リーダーシップと変革型リーダーシップの分類は、こうした関心の延長線上にあります[*9]。

交換型／変革型という２つの種類のうち、理論的にも実践的にも重きが置かれたのは、変革型リーダーシップのほうです。

変革型リーダーシップの重要性が強調され、その対比として交換型リーダーシップが持ち出されていたと言ってもよいでしょう。

変革型リーダーシップの議論が生まれる背景をたどると、その理由がわかります。変革型リーダーシップという概念が提出された頃、アメリカは

日本メーカーの躍進や消費者の多様化などに直面していました。既存事業を続けるだけでは、停滞感は打破できません。変化する市場に適応するために、前例を打破できるようなリーダーが求められていたのです[10]。

　現在の日本企業もまた、高度経済成長はとうの昔に終わりを告げ、閉塞感を抱えています。つまり、変革型リーダーシップが求められている状況です。次世代リーダーの育成とは、「変革型リーダーシップを発揮できる人材をいかに見つけて育てるのか」という課題であるとも読み解けます。

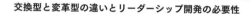

交換型と変革型の違いとリーダーシップ開発の必要性　　　　　　　著者作成

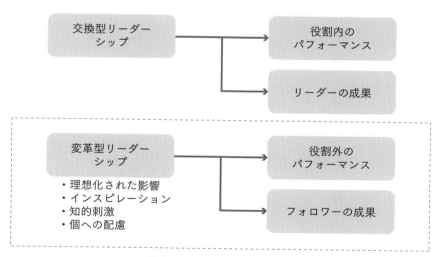

エビデンスに基づく解決策

● 一皮むける経験がリーダー育成をもたらす

　変革型リーダーシップを発揮するリーダーをどのように育成していけるのでしょうか。リーダーシップ開発につながった出来事を、現在のリーダーにヒアリングすることで、育成に必要なものが見えてきました。

　リーダーシップの育成を促すのは、「一皮むける経験」と呼ばれる経験です。例えば、

・キャリア初期の仕事
・最初のマネジメント経験
・ゼロからのスタート
・事業の立て直し
・視野の変化（管理する人数、予算、職域が増える）
・ラインからスタッフへの異動
・ロールモデルとの出会い
・事業の失敗とミス
・降格する／昇進を逃す
・業績の低い部下の問題

など、本人にとって非常に難易度が高い経験が「一皮むける経験」にあたります[*11]。日本においては、一皮むける経験として、

・人事異動
・修羅場の経験
・プロジェクト経験
・初期の仕事経験

- 立ち上げ経験
- 上司から学ぶ経験
- マネジャーになる経験
- 海外勤務経験

などが抽出されています[*12]。このような出来事に直面し、奮闘することで、リーダーシップの開発につながります。次世代リーダー育成のためには、難しい挑戦ができる仕事をアサインすることが大事です。

　困難な経験がリーダーシップ開発において重要になるのは、リーダーに必要な「自信」が育まれるからです。人は、安定的な状況では、自信があってもなくてもリーダーとして振る舞えます。しかし、困難な状況になった時に、自信がなければうまくリーダーシップを発揮できません[*13]。困難な出来事に、どうにかこうにか対処する経験を積めば、「難局でも自分はうまくやれる」と感じられます。

　ただし、困難な経験から教訓を得るためには2年半以上かかります[*14]。経験をもとにリーダーシップを育むには、それなりに時間が必要です。

● 経験から多くを学べる人には共通点がある

　同じ困難な経験をしたとしても、そこから多くのことを学べる人とそうでもない人がいます。多くのことを学べる人の特徴は、3つあります。

①目標達成志向：目標に向けて努力し、学びを重視する人
②顧客志向：顧客の立場で考え、顧客の信頼を重視する人[*15]
③有能欲求：人から頼られたいという思いや人の役に立ちたいと気持ちを持つ人[*16]。

　一般に、手に負えないほど大変な経験をすると、リーダーシップを育む

どころの話ではなくなります。しかし、自分の能力を高めていきたいという「学習目標志向性」を持つ人は、難易度が高い状況でもリーダーシップの向上が望めます[*17]。

副作用の可能性とリスクヘッジ

リーダーシップは万能かと言うと、そうではありません。フォロワーの酷使につながる可能性があります。偽の変革型リーダーシップ（Pseudo-transformational leadership）が発揮されると、利己的な目的のためにフォロワーを操作するような、非倫理的なリーダーが誕生してしまいます[*18]。

これまでリーダーシップは、合理的で適切なものであるという大前提で捉えられてきました。しかし実際には、マイナスの影響をフォロワーに与えるリーダーも存在します[*19]。

「一皮むける経験」によって、自然と変革型リーダーシップを身につける分には問題ないかもしれません。ところが、技術や態度といったカタチだけを身につけ、リーダーとしての倫理観が伴っていない場合、フォロワーや会社に対して悪影響が及ぶ可能性があります。

こうした事態を避けるために、リーダーが自ら反対意見を聞く機会を設けたり、意識的に権限委譲をしたりする姿勢が重要です[*18]。また、フォロワーの自由な思考やアイデアを歓迎しましょう[*19]。

まとめ

課題：次世代リーダーを育成したい

原因	変革型リーダーシップが低い

↓

組織対策	人事異動や修羅場をはじめとした困難な経験を付与し、その中で奮闘してもらう
個人の対策	周囲の役に立ちたいという気持ちを持つ自分自身の能力向上を志向する

↓

副作用	技術だけを提供しようとすると、自己中心的なリーダーが生まれる恐れ→フォロワーに権限を委譲し、反対意見も取り入れる

参 考 文 献

＊1　HR総研（2020）「人事の課題とキャリアに関する調査」

＊2　日本アプライドリサーチ研究所（2018）『平成29年度 中小企業の経営人材の育成に関する実態調査 報告書』

＊3　リクルートマネジメントソリューションズ「次世代リーダー育成・選抜」
https://www.recruit-ms.co.jp/service/theme/nextleader/

＊4　Bass, B. M. (1997). Does the transactional-transformational leadership paradigm transcend organizational and national boundaries? American Psychologist, 52(2), 130-139.

＊5　McCleskey, J. A. (2014). Situational, transformational, and transactional leadership and leadership development. Journal of Business Studies Quarterly, 5, 117-130.

＊6　Yukl, G. (1999). An evaluative essay on current conceptions of effective leadership. European Journal of Work and Organizational Psychology, 8(1), 33-48.

＊7　Bass, B. M., & Avolio, B. J. (1990). Developing transformational leadership: 1992 and beyond. Journal of European Industrial Training. 14, 21-27.

＊8　Wang, G., Oh, I.-S., Courtright, S. H., and Colbert, A. E. (2011). Transformational leadership and performance across criteria and levels: A meta-analytic review of 25 years of research. Group & Organization Management, 36(2), 223-270.

＊9　Northouse, P. (2019). Leadership (8th ed.). Sage.

* 10　小沢伸光（2018）「変革型リーダーシップ論再考」『駿河台経済論集』第27巻、175-187頁。

* 11　McCall, M. W. (1998). High Flyers: Developing the Next Generation of Leaders. Harvard Business Press.

* 12　谷口智彦（2009）『「見どころのある部下」支援法』プレジデント社。

* 13　池田浩（2008）「リーダー行動の発生機序におけるリーダーの自信の効果」『人間文化』第11巻、49-64頁。

* 14　Gabarro, J. J. (1987). The Dynamics of Taking Charge. Harvard Business Press.

* 15　松尾睦（2006）『経験からの学習：プロフェッショナルへの成長プロセス』同文舘出版。

* 16　三輪卓己（2013）「技術者の経験学習」『日本労働研究雑誌』639巻、27-39頁。

* 17　DeRue, D. S. and Wellman, N. (2009). Developing leaders via experience: the role of developmental challenge, learning orientation, and feedback availability. Journal of Applied Psychology, 94(4), 859-875.

* 18　Bass, B. M. and Steidlmeier, P. (1999). Ethics, character, and authentic transformational leadership behavior. The Leadership Quarterly, 10(2), 181-217.

* 19　Tourish, D. (2013). The Dark Side of Transformational Leadership: A Critical Perspective. Hove: Routledge.

Part 3

評価と上司部下
コミュニケーション
にまつわる処方箋

09

評価に対する不満を
解消したい

現実に起きている問題

　会社で働く上で、8割ほどの人が人事評価を重視しています。それに対して、評価に満足しているのは4割程度[*1]です。調査によって多少の差はありますが、概ね半数前後が人事評価に満足していません。

　不満足の理由としては、「何をやれば評価されるのかがわからない」といったことがよく挙げられます[*1]。評価基準がわからず、納得感が得られにくいということです。

　しかし、残念ながら、評価する上司の側からすれば、「自分はきちんと評価できている」と考えている傾向があります[*2]。評価者と被評価者の間に、評価に対する認識のギャップがありそうです。

課題を読み解く研究知見

● 組織的公正には3つの公正感が含まれる

どうすれば、評価への納得感を得られるのでしょうか。「組織的公正」（organizational justice）に関する研究知見から紐解いていきましょう。

組織的公正とは、会社において「公正だ」と思う従業員の感覚を指します[*3]。例えば、「この評価は公正だ」と思っていれば、組織的公正は高いということです。

組織的公正の研究の萌芽は、「相対的剥奪理論」であると言われています[*4]。これは、自分が他の人より資源を得られているかどうかによって、得られた資源に対する満足感が変わるという理論です。相対的剥奪理論の想定する現象は、会社の中でも起こるのではないか。そのような問題意識から、組織的公正の研究が幕を開けました。

これまでの研究によって、一口に組織的公正と言っても、3つの側面があることがわかっています。人の覚える公正感には、3つの種類があるのです。

①分配的公正

1つ目は、「分配的公正」（distributive justice）で、配分された「結果」が公正だと感じることです[*5]。「結果」とは、給料の額や福利厚生、出世など、広い意味での報酬を指します。例えば、

・仕事に投じた労力に見合った評価結果を得られている
・評価結果は、到達した成果に相応しいものになっている
・会社に対する貢献が、評価結果に正しく反映されている[*6]

という質問に「当てはまる」と答えられる場合、分配的公正は高いと捉え

られます。人は、自分が投じた労力に見合うリターンがあれば、それを公正だと考えます。一方で、他者と比べて自分が報われていないと感じると、低い公正感にとどまります[*7]。

②手続き的公正

2つ目は「手続き的公正」（procedural justice）です。これは、「プロセス」が公正だと感じることです。分配的公正は結果が公正だと思えるかどうかでした。手続き的公正においては、結果が決まる「プロセス」に注目します[*5]。具体的には、

・評価の手続きの中で、被評価者が意見を述べることができる
・評価の手続きには、誰かの意向が過度に反映されるなどの偏りがない
・直感や思い込みではなく、正確な情報に基づいて、評価の手続きが進められている

などができている場合、手続き的公正は高くなります。

③相互作用的公正

3つ目は「相互作用的公正」（interactional justice）で、今度は「コミュニケーション」が公正だと感じることを意味します。例えば、

・上司が部下に尊敬の念を持って接している
・上司が部下の評価の詳細をタイムリーに連絡している
・上司が個人のニーズに合わせたコミュニケーションを行っている

といった場合、高い相互作用的公正が得られています。
なお、相互作用的公正は、さらに2つに分類できます。1つは、丁寧に

扱ってもらえている感覚、対人的公正です。もう1つは、適切な情報を開示してもらえている感覚、情報的公正です[8]。

組織的公正の構成要素

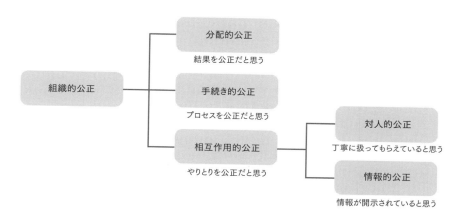

● 組織的公正はさまざまな効果をもたらす

組織的公正は、人材マネジメントにおいて重要な役割を果たします。

分配的公正が高いほど、結果の満足感や、会社に対する愛着（組織コミットメント）、組織に対する信頼度などが増し、離職したい気持ち（離職意思）が抑えられます。

手続き的公正も職務満足や情緒的コミットメントによい影響を与えます。それに加えて、仕事のパフォーマンスなどにも効果があります。結果への公正感（分配的公正）ではなく、プロセスへの公正感（手続き的公正）を高めれば、パフォーマンスが上がる点は興味深いところです。

相互作用的公正は、「分配的公正」「手続的公正」の2つに比べるとやや弱いものになりますが、それでも効果は検証されています[9]。

エビデンスに基づく解決策

● 手続き的公正を高めるのが現実的

　組織的公正を高めるには、どうすればよいのでしょう。大きな方針としては、分配的公正よりも手続き的公正を高めることをおすすめします。理由は2点あります。

　1つ目は、分配的公正を高めるのは簡単なことではないからです。分配的公正は、「自分の投じた『労力』に見合った『報酬』が得られている」と従業員が感じた際に高まります。ところが、人によって労力にあたるものも、報酬の意味するところも異なります。

　例えば、「長く残業していること」が労力だと考える人もいれば、「効率的に働いていること」を労力だと捉える人もいます。給料を報酬とする人もいれば、賞賛こそが報酬であると受け止める人もいます。このように分配的公正を突き詰めて考えると、労力と報酬の内容にバリエーションがあるため、企業として一本化した対策を打ち出しにくいのです[*10]。

　報酬について少しつけ加えておきましょう。当然のことですが、会社として報酬に用いることのできる資源には限りがあります。すべての従業員が十二分に公正感を覚えるほどの資源を準備できる会社はほとんどないでしょう。

　理由の2つ目ですが、手続き的公正が高い場合、たとえ分配的公正が低くても、全体としては公正感を覚えることが挙げられます[*11]。例えば、低い給料でも、納得できる手続きを踏んで算出されていれば「そういうものだ」と思えるのです。

　以上の2点の理由によって、結果（分配的公正）よりプロセス（手続き的公正）に対する公正感を高めることのほうが、優先順位を上げるべき事柄だと言えます。

● プロセスに関与できるようにする

手続き的公正を高めるには、どうすればよいのでしょうか。結論としては、「プロセスに対して関与できる」ようにしましょう[12]。

プロセスへの関与の一例として、「情報の公開」が挙げられます。どのような手続きが取られているかがわからなければ、関与のしようがありません。

また、結果が出た後に、それに対して苦情や意見が言えることも手続き的公正を高めます[13]。苦情や意見も、プロセスへの関与の一種です。その他にも、

・手続きに一貫性があること
・性別などの属性によるバイアスが抑制されていること
・手続きが正確なものであること
・社会の倫理に反していないこと
・会社の価値観がプロセスに反映されていること

などが、手続き的公正を高める要因となります[14]。

最後の「会社の価値観がプロセスに反映されていること」を補足します。例えば、「環境に配慮する」という理念の会社があったとします。その会社において、環境への影響が出ない商品の開発が高く評価されていることを指します。

● 上司と部下がお互いに歩み寄る

評価の手続きを変更するのは、実際のところ骨が折れます。早急に手続きを変えることが難しい場合は、相互作用的公正を高めましょう。

既に説明したとおり、相互作用的公正のもたらす効果は他よりも小さいものです。

とはいえ、相互作用的公正を高めると、他の公正感（分配的公正や手続き的公正）が高まることを示す研究もあります[*6]。例えば、上司とのやり取りが公正なものと感じていると、結果にもプロセスにも多少は公正感を覚えるのです。これは従業員が上司を会社の代表者として認識していることに起因すると考えられています[*15]。

相互作用的公正を高める方法は2つあります。

①上司が自己開示し、自分の思いを部下に伝えることです[*16]。特に、部下に対してポジティブな感情を持っていることを伝えましょう。上司自身は伝えたつもりでも、部下は伝えてもらったと認識していないケースも多々あります。部下が実感できるように、しっかり伝えましょう。

②部下が自分の意見を上司に伝えられる機会があることも重要です[*17]。意見を聞いてくれない相手との間で公正感が生まれることはありません。

上司の自己開示、そして部下の意見表明という具合に、上司と部下がともに歩み寄ることで、相互作用的公正を高めることができます。

ここまでの話をまとめましょう。分配的公正を高めるのは大変です。そのため、手続き的公正と相互作用的公正を高めるとよいでしょう。もし手続き的公正に手を加えにくい場合には、相互作用的公正だけでも高めたいところです。

担当者からはじめる明日への一歩

- 従業員がプロセスに関与できるような制度を設計し、手続き的公正を高めよう

- 上司が自己開示し、部下も意見を表明することで、相互作用的公正を高めよう

副作用の可能性とリスクヘッジ

● リスク追求志向の高い従業員にはマイナス

　手続き的公正は、さまざまな効果が実証されている一方で、限界も指摘されています[18]。

　まずは、手続き的公正が高いというのが、どのような状態かを考えてみましょう。それは、「この基準をクリアすれば、このような報酬が得られる」ことがわかりやすい状態です。多くの人は、このわかりやすさをポジティブに受け止めます。そのため、手続き的公正はさまざまな効果をもたらしていました。

　ところが、例外としてネガティブに受け止める人もいます。「リスク追求志向」が高い人です。リスク追求志向とは、その名のとおり「リスクを冒して物事を進めるのを好む傾向」を意味します。リスク追求志向が高いと、プロセスのわかりやすさが「退屈」に感じられてしまいます。実際に、リスク追求志向が高い場合、手続き的公正が高いほど職務満足やパフォーマンスが低下するという研究もあります[19]。

　この結果を踏まえると、リスク追求志向の高い人材が必要な仕事や会社において、手続き的公正を高めるのは望ましくないと考えられます。

　例えば、ベンチャー企業や新規事業部など、新しい挑戦が求められる仕事や会社で、厳密な手続きから構成された評価制度を取り入れるケースを想像してみてください。必要な人材が寄りつかなくなるため、注意が必要でしょう。

● ローパフォーマーが固定化される

　手続き的公正が高まり、従業員にとってプロセスが公正なものになったとします。その中で成果を上げられている人にとっては楽園でしょう。「自分の実力でパフォーマンスを発揮している」と感じる人ほど、手続き的公

正を歓迎するという研究結果*18 は、まさにこのことを裏づけています。

　一方で、手続き的公正が高い環境において、成果を収められていない人にとっては、手続きがしっかりしているがゆえに、挽回の余地が小さくなります。結果的に、従業員をぶら下がり化させてしまったり、低評価者が固定化されてしまったりするかもしれません。

　すなわち、手続き的公正が高まることを喜ぶ人ばかりではないのです。もし、手続き的公正を高めるのであれば、それによってあまり優遇されない人が出ることを想定し、ケアをしていく必要があります。

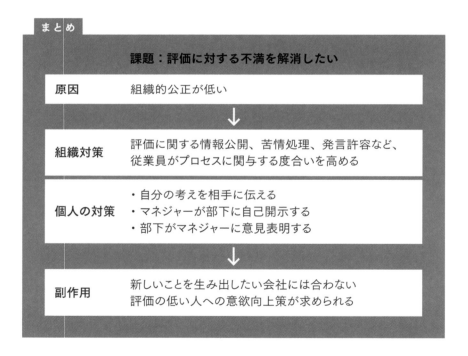

まとめ	
課題：評価に対する不満を解消したい	
原因	組織的公正が低い
↓	
組織対策	評価に関する情報公開、苦情処理、発言許容など、従業員がプロセスに関与する度合いを高める
個人の対策	・自分の考えを相手に伝える ・マネジャーが部下に自己開示する ・部下がマネジャーに意見表明する
↓	
副作用	新しいことを生み出したい会社には合わない 評価の低い人への意欲向上策が求められる

参 考 文 献

＊1　リクルートマネジメントソリューションズ(2021)「テレワーク環境下における人事評価に関する意識調査」

＊2　アデコ株式会社(2018)「『人事評価制度』に関するアンケート調査」

＊3　Greenberg, J. (1990). Organizational justice yesterday, today, and tomorrow. Journal of Management, 16, 399-432.

＊4　林洋一郎(2008)「組織における公正研究の展望」『産業・組織心理学研究』第21巻2号、131-154頁。

＊5　Folger, R. and Konovsky, M. A. (1989). Effects of procedural and distributive justice on reactions to pay raise decisions. Academy of Management Journal, 32(1), 115-130.

＊6　Colquitt, J. A., Conlon, D. E., Wesson, M. J., Porter, C. O., and Ng, K. Y. (2001). Justice at the millennium: a meta-analytic review of 25 years of organizational justice research. Journal of Applied Psychology, 86(3), 425-445.

＊7　Adams, J. S. (1965). Inequity in social exchange. In Advances in Experimental Social Psychology ,2, 267-299. Academic Press.

＊8　Greenberg, J. (1993). Stealing in the name of justice: Informational and interpersonal moderators of theft reactions to underpayment inequity. Organizational Behavior and Human Decision Processes, 54(1), 81-103.

＊9　上記の結果は正確には対人的公正のものを指している。

＊10　田中堅一郎(1998)『社会的公正の心理学：心理学の視点から見た「フェア」と「アンフェア」』ナカニシヤ出版。

＊11　Greenberg, J. (1987). Reactions to procedural injustice in payment distributions: Do the means justify the ends?. Journal of Applied Psychology, 72(1), 55-61.

＊12　Kanfer, R., Sawyer, J., Earley, P. C., and Lind, E. A. (1987). Fairness and participation in evaluation procedures: Effects on task attitudes and performance. Social Justice Research, 1(2), 235-249.

＊13　守島基博(1997)「新しい雇用関係と過程の公平性」『組織科学』第31巻2号、12-19頁。

＊14　Leventhal, G. S. (1980). What should be done with equity theory?. In Social Exchange, 27-55. Springer, Boston, MA.

＊15　開口倫紀・林洋一郎(2009)「組織的公正研究の発展とフェア・マネジメント」『経営行動科学』第22巻、1-12頁。

＊16　Li, F., Yu, K.F., Yang, J., Qi, Z., and Fu, J.H.Y. (2014) Authentic leadership, traditionality, and interactional justice in the chinese context. Management and Organization Review, 10, 249-273.

＊17　Korsgaard, M. A., Roberson, L., and Rymph, R. D. (1998). What motivates fairness?: The role of subordinate assertive behavior on manager's interactional fairness. Journal of Applied Psychology, 83(5), 731-744.

＊18　Brockner, J., Wiesenfeld, B. M., and Diekmann, K. A. (2009). Towards a "fairer" conception of process fairness: Why, when and how more may not always be better than less. The Academy of Management Annals, 3(1), 183-216.

＊19　Desai, S. D., Sondak, H., and Diekmann, K. A. (2011). When fairness neither satisfies nor motivates: The role of risk aversion and uncertainty reduction in attenuating and reversing the fair process effect. Organizational Behavior and Human Decision Processes, 116(1), 32-45.

10
多面評価を機能させたい

よくあるケース

case1 本人の認識が周囲とずれているマネジャーがいる

case2 多面評価をしているが、被評価者の精神的ダメージが大きい

case3 多面評価でネガティブな結果が出た人に、どう声をかければよいか
わからない

現実に起きている問題

　多面評価（360度評価とも呼ばれます）は、上司だけではなく、部下や同僚、顧客などから評価を受ける方法です。ある調査によれば、日本における約4割の会社が多面評価を実施しています[*1]。業種別では、見直し・導入検討中を含めると、メーカーで約60%、サービス業で75%ほどと、比較的多く実施されています。

　その一方で、多面評価の課題として、「改善につながるフィードバックが難しい」「低い結果の時にフォローが必要」「改善につながるフィードバックをどうしたらよいか」などが挙げられています[*2]。

　多面評価を機能させるためには、どうすればよいのでしょうか。

課題を読み解く研究知見

　多面評価をどのような目的で導入するかは、各社で異なるでしょう。学術研究においては、多面評価による「育成」面の効果が検証されています。

　例えば、多面評価を受けてから2年後にマネジメントスキルを測定したところ、向上していたという報告があります[*3]。周囲からの評価があまり芳しくなかった人において、多面評価の6か月後の評価が高まったという効果も示されています[*4]。

　こうした効果が得られる背景には、上司以外からの評価のほうが、被評価者はポジティブに受け止めやすいことが関係しているかもしれません。

・上司からの評価のみの場合
・上司からの評価と部下からの評価がある場合
・部下からの評価のみの場合

という3つの条件を比較すると、部下からの評価が含まれる後者2つについて、被評価者は評価結果を好意的に感じることが明らかになっています[*5]。

エビデンスに基づく解決策

　それにしても、多面評価が育成につながるのは、なぜでしょうか。多面評価によって、

・周囲からの自分に対する評価
・自分自身による自分に対する評価

の２つを突き合わせることができ[6]、「自分に対する評価」がより適切なものになるからです。

　例えば、「自分は部下をしっかりサポートしている」と思っている上司がいたとします。

　しかし、多面評価を行ったところ、部下は必ずしもそう思っていませんでした。自分が思っているよりも、部下をサポートできていなかったということです。

　多面評価によって、自分に対する評価がきちんとできるようになると、自分に足りないものも見えてきます[7]。足りないものを磨いていけば、成長につながります。

● 自己評価は放っておくと高くなる

「自分自身による自分に対する評価」（自己評価）は、多くの場合、「周囲からの自分に対する評価」と乖離(かいり)します。

　例えば、「同僚からの自分に対する評価」と「上司からの自分に対する評価」は似ている一方で、それら２つの評価と自己評価はそれほど似ていません[8]。自己評価だけが他の評価より多少ずれるということです。

「自己評価と他の人による評価がずれる」と言っても、どちらが高いかによって意味合いは異なります。実際は、自己評価のほうが、他の人による評価よりも高くなりがちです。自信過剰の傾向があるのです。人は、自己評価を高く維持しようとするため、こうした傾向が現れると考えられます[9]。

　しかし、自己評価が他の人による評価よりも高い状態は、あまり好ましくありません。例えば、自信過剰なマネジャーは、マネジメント業務にうまく適応できず、キャリアを脱線することが知られています[10]。

● 自己評価を是正するために多面評価が有効

　人は放っておくと、自己評価が高くなりがちです。多面評価は、周囲による評価を合わせて本人にフィードバックすることで、自信過剰傾向にメスを入れ、自己評価を妥当なものに変換させます。自己評価が他の人による評価より高い人ほど、多面評価の後に効果が見られやすいこともわかっています[11]。

　以上を踏まえると、多面評価を機能させるためには、被評価者の自己評価を変えるように働きかける必要があることに気づきます。多面評価は、「評価結果を確認して終わり」というものではありません。多面評価の結果を受けて、自己評価のずれを認識し、そのずれを成長の原動力にしなければなりません。

　そのための施策として、評価結果を解釈するための研修の実施が挙げられます。多面評価の結果を解釈する研修を実施した場合は、実施しなかった場合より、被評価者が評価結果の有効性を感じ、行動変容につながります[12]。

担当者から始める明日への一歩

● 他の人による評価を参考に、自己評価を是正しよう

● 多面評価の結果は、丁寧に解釈しよう

副作用の可能性とリスクヘッジ

　ここまで、多面評価の効果の中でも、育成面に焦点を当てて説明してきました。他方で、多面評価によって、被評価者の能力やパフォーマンスを見極め、処遇に活かそうとするケースもあります。

とはいえ、こうした活用には限界があることがわかっています。

多面評価において、評価者は被評価者が「リーダーシップを発揮できていたか」「部下をサポートしていたのか」「積極的に発言をしていたか」といった具合に、さまざまな項目から評価をします。

どのような人にも、得手不得手があります。冷静に考えると、すべての項目が高い人はいませんし、すべてが低い人もいません。ところが、実際のデータを見ると、総合評価が高い人は、それぞれの項目の評価が全体的に高くなりがちであることがわかります。本当は項目によって高低があってしかるべきです。ところが、そうはなっていないのです。逆に、総合評価が低い人は、それぞれの項目が全体的に低くなります[*13]。

多面評価における評価項目の傾向（イメージ）　　　　　　　著者作成

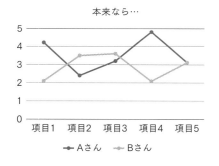
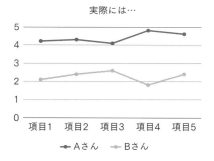

このことから多面評価は、評価に際して項目の区別ができていないと考えられます。「あばたもえくぼ」あるいは「坊主憎けりゃ袈裟まで憎い」といったバイアスが働いているせいかもしれません。

いずれにせよ多面評価は、評価としての精度が十分とは言えません。多面評価を処遇と絡めて用いるのは、慎重になったほうがよいでしょう。

課題：多面評価を機能させたい

原因	能力開発につながっていない

↓

組織対策	被評価者に対して、評価結果を解釈するための研修などの機会を提供する
個人の対策	周囲による自分に対する評価と、自分による自分に対する評価の乖離を知り、乖離を埋めるように努める

↓

副作用	多面評価は、評価項目の区別があまりできていないため、処遇とは関連づけないほうがよい

参 考 文 献

＊1　ワークス研究所 (2006)「ワークス 人材マネジメント調査 2005調査報告書【基本分析編】」

＊2　日本能率協会総合研究所 (2018)「民間企業における多面観察の手法等に関する調査」

＊3　Hazucha, J. F, Hezlett, S. A., and Schneider, R. J. (1993). The impact of 360-degree feedback on management skills development. Human Resource Management, 32, 325-351.

＊4　Smither, J. W., London, M., Vasilopoulos, N. L., Reilly, R. R., Millsap, R. E., and Salvemini, N. (1995). An examination of the effects of an upward feedback program over time. Personnel Psychology, 48(1), 1-34.

＊5　Bernardin, H. J., Dahmus, S. A., and Redmon, G. (1993). Attitudes of first-line supervisors toward subordinate appraisals. Human Resource Management, 32, 315-324.

＊6　Yukl, G., and Lepsinger, R. (1995). How to get the most out of 360 feedback. Training, 32(12), 45-49.

＊7　McCauley, C. D., and Lombardo, M. M. (1990). Benchmarks: An instrument for diagnosing managerial strengths and weaknesses. In K. E. Clark & M. B. Clark (Eds.), Measures of Leadership. Leadership Library of America.

＊8　Harris, M. M., and Schaubroeck, J. (1988). A meta-analysis of self-supervisor, self-peer, and peer-supervisor ratings. Personnel Psychology, 41, 43-62.

＊9　Tesser, A. (1988). Toward a self-evaluation maintenance model of social behavior. In L. Berkowitz (Ed.), Advances in Experimental Social Psychology, Vol. 21. Social Psychological Studies of the Self: Perspectives and Programs.

* 10 McCall, M. W. and Lombardo, M. M. (1983). Off the track: Why and how successful executives get derailed. Greensboro, NC: Center for Creative Leadership.

* 11 Johnson, J. W., and Ferstl, K. L. (1999). The effects of interrater and self-other agreement on performance improvement following upward feedback. Personnel Psychology, 52, 272-303.

* 12 Seifert, C. F., Yukl, G., and McDonald, R. A. (2003). Effects of multisource feedback and a feedback facilitator on the influence behavior of managers toward subordinates. Journal of Applied Psychology, 88, 561-569.

* 13 Mount, M.K., Judge, T.A., Scullen, S.E., Sytsma, M.R., and Hezlett, S.A. (1998). Trait, rater and level effects in 360-degree performance ratings. Personnel Psychology, 51, 557-576.

11

面談でうまくフィードバック
したい

よくあるケース

case1 面談では、気づけば上司が自分の話ばかりしている

case2 相手に遠慮して、問題点を指摘できていない

case3 面談でフィードバックしても、部下が真剣に受け止めてくれない

現実に起きている問題

　上司が部下との面談でうまくフィードバックできていない。多くの会社がこの課題を抱えています。

　面談でのフィードバックは9割弱の企業が実施しています[*1]。しかし、理由をあわせてフィードバックしている企業は5割にとどまります[*2]。フィードバックは実施しているけれど、その中身についてきちんと説明できていない現状があります。

　新型コロナウイルス感染症の拡大によって、テレワークが普及して以降、面談に限らず、普段の業務におけるフィードバックも減少しています。特に減っているのは、若手に対するフィードバックです[*3]。職場のメンバー

がお互いに離れた場所で働くようになり、フィードバックの難しさと重要性は増すばかりです。

課題を読み解く研究知見

うまいフィードバックの実施方法について知るため、フィードバックの研究を紐解いていきましょう。

初めにフィードバックは、「他の人から与えられるパフォーマンスに関する情報の提供」と定義されています。相手に対して面と向かって伝えるだけではなく、文書や音声などでの情報提供も含みます。

フィードバックの効果を検証した研究は、これまで多数実施されてきました。それらを統合的に分析すると、総じて、フィードバックは受け手のパフォーマンスを向上させることがわかっています。

しかし、フィードバック研究を掘り下げると、フィードバックがネガティブな結果をもたらすことを指摘した研究も4割弱ほど存在することに気づきます[*4]。フィードバックを受けて、モチベーションが下がったりパフォーマンスが下がったりするケースもあります。フィードバックは薬にもなれば毒にもなる、取り扱い注意の代物です。

エビデンスに基づく解決策

受け手にとって効果的なフィードバックを行うために、どうすればよいのでしょう。相手を「評価」するフィードバックより、相手の「成長」を目的にフィードバックすることが重要です。フィードバックは、学習の文脈に置かれて機能するものです[*5]。この前提を踏まえた上で、フィードバックをする側（与え手）とされる側（受け手）、それぞれで気をつけるべき点を整理します。

● 行動に焦点を当ててフィードバックをする

　フィードバックをする際には工夫が必要です[*6]。まず、「相手」（人）に焦点を合わせるのではなく、「行動」に焦点があたるようにフィードバクしましょう。例えば、「あなたは…」ではなく、「その行動は…」といった言い方をすることが大切です。

　フィードバックでたくさんのことを伝えようとすると、受け手にとっては、情報量が多くなりすぎます。受け手の負荷が大きいと、フィードバックの内容が咀嚼（そしゃく）できません。あくまで実行できる範囲にとどめてフィードバックしましょう。

　議論が分かれるポイントもあります。一般には「フィードバックは具体的であるほうがよい」と考えられています。しかし、具体性が有効な場合とそうではない場合があります。

　具体的なフィードバックのほうがよいのは、受け手の能力やモチベーションが低い時です。「記憶すれば対応できる」などのシンプルな仕事においても、具体性のあるフィードバックが奏功します。

　逆に言えば、能力やモチベーションが高い相手には、具体的なフィードバックが効きにくいということです。応用が求められる仕事においても、具体的なフィードバックは避け、相手が考える余地を残すようにしましょう[*5]。

● 成長を望む領域についてフィードバックする

　フィードバックの効果が現れやすい受け手とは、どのような人でしょうか。「学習目標志向性」が高い人は、フィードバックを活かす傾向にあります。学習目標志向性とは、物事に取り組むにあたって、自身の成長を志向することを指します。

　例えば、受け手の学習目標志向性が高いと、ネガティブなフィードバックでも、受け手のパフォーマンスが高まります[*7]。成長したいと思ってい

る人には、フィードバックが効果的です。

　受け手の関心のある領域についてフィードバックしないと効果がみられないこともわかっています。受け手が掲げた成長目標と異なることを褒めたとしても、受け手に変化は見られません。しかし、成長目標に関連することを褒めた場合は、受け手のモチベーションが向上します[*8]。

● 与え手と受け手の関係性がよい必要がある

　ここまでフィードバックの与え手と受け手、それぞれをめぐる要因を紹介しました。とはいえ、与え手と受け手の関係がよくないと、フィードバックは有効に機能しません。

　フィードバックの与え手と受け手の関係性の質が重要です。例えば、上司部下関係の質＝LMX（詳細は060ページを参照）が高いと、部下はすすんで上司に対してネガティブなフィードバックを求めます[*9]。逆にLMXが低い場合、フィードバックを受けても学びが促されません[*10]。どのような関係の人からフィードバックを受けるのかが大事なのです。

担当者から始める明日への一歩

● 行動に焦点化してフィードバックをしよう

● フィードバックする相手とよい関係になろう

副作用の可能性とリスクヘッジ

● 絶対的フィードバックが有効ではない環境も

　フィードバックについてもう少し掘り下げてみましょう。フィードバックと一口に言っても、「絶対的フィードバック」と「相対的フィードバッ

ク」の2つに区別できます。絶対的フィードバックとは、他人と比べずに「あなたの行動はこうです」と伝えることです。対して、相対的フィードバックは、「○○さんの行動と比べて、こうでした」という具合に、他人と比べるフィードバックです。

概して、絶対的フィードバックのほうが受け手には有効です。しかし、絶対的フィードバックが機能しにくいケースもあります。

お互いを比べることが自然な環境（例えば、営業成績を貼り出している会社や、出世を競い合っている会社）では、絶対的フィードバックが、受け手のパフォーマンスや満足感を下げてしまいます[11]。会社の風土とフィードバックの種類が一致していることが求められます。

● ネガティブフィードバックはテキストより音声で

ポジティブなフィードバックとネガティブなフィードバックの違いについて解説しましょう。

まずもって、フィードバックに対する受け手の納得感は、「ポジティブ＞ネガティブ」です。ダメ出しされるより褒められるほうが、受け手はフィードバックを適切なものと認識し、次の行動につながります。

「音声＞テキスト」という傾向も見て取れました。テキストより音声のほうが、非言語情報が豊かであるため、フィードバックに伴う感情も伝わります。

ポジティブなフィードバックの場合は、音声でもテキストでも効果があります。他方、ネガティブなフィードバックは、音声で伝えたほうが有効です。テキストよりも音声のほうが、公正感を覚えるからです[12]。

課題：面談でうまくフィードバックしたい

| 原因 | 効果的なフィードバックができていない |

↓

| 組織対策 | 行動に焦点化し、実行可能な単位で、関心領域にフィードバックする
成長志向の高い人に優先的にフィードバックする |

| 個人の対策 | フィードバックを与える側（上司）と受ける側（部下）の関係性の質を高める |

↓

| 副作用 | 相対評価が重視される場合、絶対評価をフィードバックしても効果は薄い
ネガティブなフィードバックはテキストで行わない |

参 考 文 献

＊1　労務行政研究所（2014）「人事評価制度の最新実態：制度の改定や評価関連施策の実施状況、処遇への反映」

＊2　厚生労働省（2014）「働きやすい・働きがいのある職場づくりに関する調査報告書」

＊3　リクルートキャリア（2020）「新型コロナウイルス禍における働く個人の意識調査」

＊4　Kluger, A. N., and DeNisi, A. (1996). The effects of feedback interventions on performance: A historical review, a meta-analysis, and a preliminary feedback intervention theory. Psychological Bulletin, 119(2), 254.

＊5　Hattie, J. and Timperley, H. (2007). The power of feedback. Review of Educational Research, 77(1), 81-112.

＊6　Shute, V. J. (2008). Focus on formative feedback. Review of Educational Research, 78, 153-189.

＊7　Janssen, O. and Prins, J. (2007). Goal orientations and the seeking of different types of feedback information. Journal of Occupational and Organizational Psychology, 80(2), 235-249.

＊8　Jarzebowski, A., Palermo, J., and van de Berg, R. (2012). When feedback is not enough: The impact of regulatory fit on motivation after positive feedback. International Coaching Psychology Review, 7(1), 14-32.

＊9　Chen, Z., Lam, W., and Zhong, J. A. (2007). Leader-member exchange and member performance: a new look at individual-level negative feedback-seeking behavior and team-level empowerment climate. Journal of Applied Psychology, 92(1), 202-212.

＊10　Bezuijen, X. M., van Dam, K., van den Berg, P. T., and Thierry, H. (2010). How leaders stimulate employee learning: A leader-member exchange approach. Journal of Occupational and Organizational Psychology, 83(3), 673-693.

* 11 Luffarelli, J., Goncalves, D., and Stamatogiannakis, A. (2015). When feedback interventions backfire: Why higher performance feedback may result in lower self-perceived competence and satisfaction with performance. Human Resource Management, 55(4), 591-614.

* 12 Westerman, C. Y., Heuett, K. B., Reno, K. M., and Curry, R. (2014). What makes performance feedback seem just? Synchronicity, channel, and valence effects on perceptions of organizational justice in feedback delivery. Management Communication Quarterly, 28, 244-263.

12
本音を言える雰囲気を
醸成したい

現実に起きている問題

　会社の中で本音のコミュニケーションが取れない。これは昔からある問題ですが、近年、「心理的安全性」という考え方が普及したことで、改めて光が当てられるようになりました。心理的安全性が高ければ、率直に意見を伝え合うことができます。

　ある調査によると、心理的安全性を「必要だ」と回答する人は7割強（「必要である」＋「やや必要である」）に上ります[*1]。一方で「同僚に悩み事や本音を言えるか」を尋ねると、約6割が「言えない」と回答しています[*2]。

半数以上の人が、職場で本音を言えずにいます。

課題を読み解く研究知見

● リスクを取っても大丈夫という感覚を指す

　心理的安全性が注目されるきっかけになったのは、Googleの「プロジェクト・アリストテレス」です。このプロジェクトの目的は、うまくいっているチームの特徴を抽出することでした。その結果、特徴の1つとして心理的安全性が挙げられました。

　プロジェクト・アリストテレスで関心を集める前に、心理的安全性は学術界で検討が進められていました。心理的安全性とは、「対人関係のリスクを取っても安全であるという共通の信念があること」を意味します[*3]。簡単に言えば、「自分の脆弱さを見せても大丈夫」と思える状態です。具体的には、

・チームにおいて、問題提起ができる
・チームにおいて、リスクを取っても安全である
・チームにおいて、異なる意見を言っても拒絶されない

といった項目に「当てはまる」と回答できる時、そのチームには高い心理的安全性があります[*3]。

● 心理的安全性には多くの効果が認められる

　心理的安全性には、多くの効果があります。これまでの研究を統合的に分析した論文によれば、心理的安全性が高いほど、

・エンゲージメントが高い

・仕事のパフォーマンスが高い

・情報共有がなされている

・会社のためになる役割外行動を取る

・創造性が高い

・学習のための行動を取る

・会社に愛着を持っている

・仕事や会社への満足感が高い

といったことが明らかになっています。

　「不確実性」を避けたいと思うほど、心理的安全性の効果は大きくなります[*4]。不確実性とは、必要とされる情報に対して手持ちの情報が足りないことです。十分な情報がない状態を嫌う場合、心理的安全性は一層重要になるのです。

エビデンスに基づく解決策

　何があれば、心理的安全性は高まるのでしょう。心理的安全性の研究を統合的に分析した研究を頼りに、主要な要因を紹介します[*4]。

● 学習目標志向性

　学習目標志向性が高いほど、心理的安全性が高くなります。学習目標志向性とは、物事に取り組む際に自分の能力向上を目指すことを意味します。学習目標志向性が高いと、意見を述べ合うことによって「自分の、そして、皆の学びになる」と考え、率直に意見を述べます。

● 上司のリーダーシップ

　上司を信頼しているほど、部下の心理的安全性が高いことがわかってい

ます。また、上司が変革型リーダーシップを発揮していれば、部下の心理的安全性は高まります。変革型リーダーシップとは、交換関係を超えて部下を動機づける行動を指します。上司の振る舞いによって、部下の心理的安全性は変わってきます。

● 仕事の特徴

仕事に裁量があり、お互いの仕事が重なっているほど、心理的安全性が高まります。さらに、仕事上の役割が明確であれば、高い心理的安全性が得られます。お互いに自律しながらもコミュニケーションを交わして働く職場では、本音が言いやすいのです。

● 周囲からのサポート

同僚や会社からのサポートがあるほうが、心理的安全性は高まります。お互いに支援をしていくことによって、信頼関係が構築でき、「多少のリスクを取っても大丈夫」という感覚が生まれます。

担 当 者 か ら 始 め る 明 日 へ の 一 歩

- お互いがどのような仕事をしているのか、関心を持とう

- 周囲の人を積極的にサポートしよう

副作用の可能性とリスクヘッジ

● 個人主義の従業員から成るチームでは逆効果[5]

実は心理的安全性は、ポジティブにもネガティブにもなりえます。ポジティブな効果については、ここまでの話と重なります。心理的安全性が高

いと、失敗への恐れが抑えられるため、コミュニケーションが活発化し、学びが促されます。

逆に、ネガティブな効果として、心理的安全性が高いほどモチベーションが下がり、発言をせず、学習にも向かわないことが検証されています。心理的安全性は、「快適にサボる（Slacking off in comfort）」という状態も生み出すのです。このような状態に陥ると、余計なおしゃべりに時間を費やしたり、納期に間に合わなかったりするなどの弊害が出ます。

特にネガティブな効果が現れやすいのは、「個人主義」のメンバーから構成されるチームにおいて、心理的安全性が高い場合です。個人の努力に価値があると考え、他の人と競争することを重視するのが、個人主義です。

他方で、協調に重きを置き、協力を是とする「集団主義」のメンバーからチームが構成される場合、心理的安全性はポジティブな影響をもたらします。皆さんの会社では、個人主義の従業員と集団主義の従業員のどちらが多いでしょうか。前者であれば、心理的安全性を高めるのはマイナスです。後者であれば、積極的に高める必要があります。

Figure 2 (Study 2) The Moderating Effect of Group Individualism/Collectivism on Group Average Fear of Failure (a) Deng, H., Leung, K., Lam, Catherine K., and Huang, X. (2019) ＊5

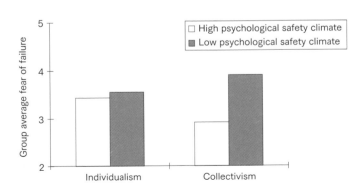

個人主義のチームでは、心理的安全性が高くても低くても、失敗への恐れが変わりません。すなわち、心理的安全性が失敗への恐れを抑える効果があまり得られないのです。

● さまざまな視点からアイデアを探る人には逆効果 [*6]

　対立する意見を出して話し合ったほうが物事はうまくいく、と考える人がいます。そのような人が集まっていると、心理的安全性の高さが問題解決につながります。

　しかし、さまざまな視点からアイデアを拡散する姿勢の人から成るチームにおいては、心理的安全性が高まることで、問題解決に向かいにくくなります。なぜなら、心理的安全性が高い環境では、話が広がりすぎて、議論すべきことが議論できないといった状況になるからです。

● 結果や効率性を重視する人とは相性が悪い [*7]

　心理的安全性は功利主義の悪影響を促進してしまいます。功利主義とは、

・結果や目的を重視している
・将来を見据えている
・コストとベネフィットを天秤にかける

といった考え方です。

　功利主義の高い人が集まるチームでは、心理的安全性が高まると非倫理的行動が取られる可能性が高まります。

　本音を言えることが災いし、「結果が出れば、何をしてもよい」「サボってもバレなければいい」という雰囲気が、チーム内で蔓延するからです。

まとめ

課題：本音を言える雰囲気を醸成したい

原因	心理的安全性が低い

↓

組織対策	明確で、自律性が高く、周囲との協力が必要な仕事を与える マネジャーのリーダーシップを向上させる

個人の対策	自らの成長を志向する 同僚に対してサポートをする

↓

副作用	集団より個人を重視する人、さまざまな観点からアイデアを出す人、結果や費用対効果を重視する人は、心理的安全性がネガティブに転化

参 考 文 献

＊1　リクルートマネジメントソリューションズ (2018)「職場での『心理的安全性』に関する実態調査」

＊2　ディップ (2019)「社会人2,000人に聞いた1on1導入実態調査」

＊3　Edmondson, A. (1999). Psychological safety and learning behavior in work teams. Administrative Science Quarterly, 44, 350-383.

＊4　Frazier, M. L., Fainshmidt, S., Klinger, R. L., Pezeshkan, A., and Vracheva, V. (2017). Psychological safety: A meta-analytic review and extension. Personnel Psychology, 70(1), 113-165.

＊5　Deng, H., Leung, K., Lam, Catherine K., and Huang, X. (2019). Slacking off in comfort: A dual-pathway model for psychological safety climate. Journal of Management, 45(3), 1114-1144..

＊6　Ou, Z., Chen, T., Li, F., and Tang, P. (2018). Constructive controversy and creative process engagement: The roles of positive conflict value, cognitive flexibility, and psychological safety. Journal of Applied Social Psychology, 48(2), 101-113.

＊7　Pearsall, M. J. and Ellis, A. P. J. (2011). Thick as thieves: The effects of ethical orientation and psychological safety on unethical team behavior. Journal of Applied Psychology, 96(2), 401-411.

13

職場のコンフリクトに対処したい

現実に起きている問題

「コミュニケーションがうまく取れるかどうかは仕事に影響すると思いますか」と尋ねた調査があります。「思う」が80％、「どちらかと言えば思う」が18％という結果が得られました[*1]。ほとんどの人が、コミュニケーションは仕事に影響すると考えているようです。

対して、「社内のコミュニケーションに課題があると思うか」という問いには、7割以上が「課題を感じている」と回答しています[*2]。同様に、「人間関係でストレスを感じるもの」について尋ねた調査によれば、1位の「噂話・陰口」に続き、「コミュニケーションのミスマッチ」が挙げられています[*3]。

これらの調査から、コミュニケーションの重要性は認識されている一方で、課題が山積している様子がうかがえます。

課題を読み解く研究知見

コミュニケーションの課題を紐解く（ひもと）ために、「コンフリクト」の研究を参照しましょう。コンフリクトとは、違いがもたらすチームメンバー間の緊張を意味します[*4]。

ここでは特に、「関係性コンフリクト」に注目しましょう。関係性コンフリクトとは、対人関係の緊張、摩擦、恨みなどを伴うコンフリクトのことです[*5]。例えば、次の状況に当てはまると、そのチームでは関係性コンフリクトが発生しています。

・職場において、メンバー間の摩擦がある
・職場において、性格の対立が見られる
・職場のメンバー間に、感情的な対立がある[*6]

これまでの多くの研究を統合的に分析したところ、関係性コンフリクトはチームのパフォーマンスにも、メンバーの満足度にも、マイナスの影響があることが明らかになりました[*7]。関係性コンフリクトはチームやメンバーに悪影響を及ぼすのです。

関係性コンフリクトは、他にもよくない状況を作り出します。例えば、お互いに助け合う行動が減ったり、勝ち負けにこだわり情報を隠すといった行動が増えたりします。コンフリクトの原因と見なされるメンバーを避けるような行動が取られるようにもなります[*8]。

エビデンスに基づく解決策

　関係性コンフリクトを生み出さないようにするには、どうすればよいのでしょうか。関係性コンフリクトを緩和させるために必要なアプローチについて解説します。

● 多様性を高めすぎない

　チームの多様性が高いと、関係性コンフリクトが引き起こされます。ここで言う多様性とは、例えば、在職期間や社会的カテゴリー（学歴や出身など）の多様性です[*9]。さまざまな人から成るチームは、関係性コンフリクトが生まれやすいのです。

　関係性コンフリクトを抑えるという意味では、多様性を高めすぎないようにしなければなりません。

● コンフリクトマネジメントを行う

　関係性コンフリクトの悪影響を抑える方法があります。それは「コンフリクトマネジメント」を行うことです。コンフリクトマネジメントとは、コンフリクトが起こった時に何をすべきかを理解し、解決に向けて動くことを指します。

　例えば、コンフリクトが発生した際のルールを決めておけば、いざその場面に立ち会った際にも、うまく動けます。コンフリクトは起こり得るものであり、それと向き合うための方法を考えておくことが、コンフリクトマネジメントの考え方です。

　実際に、コンフリクトマネジメントがなされていないと、関係性コンフリクトが高いほど、チームの目標達成に向けて団結できなくなります[*10]。

● チームの多様性を高めすぎないようにしよう

● コンフリクトへの対処方法を考えておこう

副作用の可能性とリスクヘッジ

　コンフリクトがもたらすのは、マイナスの影響だけではありません。コンフリクトの中には、関係性コンフリクトの他に「タスクコンフリクト」と呼ばれるものがあります。

　前述のとおり、関係性コンフリクトは一貫してマイナスの影響をもたらします。しかし、タスクコンフリクトのほうは、一部、プラスに働く条件があります。

　タスクコンフリクトとは、仕事に対して異なるアイデアや視点、見解が出ることを表します[5]。具体的には、次の状況が生じていれば、タスクコンフリクトが高いと言えます。

・職場において、仕事に関する意見の違いがある
・職場において、アイデアに関する対立がある
・職場において、意見の相違が見られる[6]

　まず、タスクコンフリクトは関係性コンフリクトと同様に、チームのパフォーマンスやメンバーの満足度に対してマイナスの影響があります[7]。タスクコンフリクトがあるほど、パフォーマンスも満足度も低いのです。

　ところが、タスクコンフリクトについては、主に2つの条件下で、プラスの結果がもたらされることがわかっています。

● 意思決定を行う場合

　意思決定を行うチームの場合、タスクコンフリクトがあるほどチームのパフォーマンスは高まります[*8]。良質な意思決定を下すためには、意見や価値観の衝突があったほうがよいということです。いろいろな観点から選択肢を検討でき、意思決定の精度が高まるからでしょう。

● 複雑な仕事の場合

　複雑性の高い仕事の場合も、タスクコンフリクトが高いほうがパフォーマンスは高まります[*9]。単純な仕事では、意見の対立は無駄なことかもしれません。しかし、複雑な仕事では、多角的な視点から検討ができ、かえってよいものができあがるのです。

　複雑性が高く、意思決定を行うという点からすれば、経営層のチームにはタスクコンフリクトが必要でしょう。お互いの意見をぶつけ合う環境のほうが、高い成果につながります。経営層においてタスクコンフリクトがあるほど、意思決定の質や財務パフォーマンスが高まるという報告もあります[*11]。

　しかし、このことは裏を返せば、あまり複雑ではない仕事や、意思決定をするわけではない仕事においては、タスクコンフリクトは有効に機能しないことを意味しています。仕事の性質を考慮し、タスクコンフリクトの必要性を見極めるべきです。

課題：職場のコンフリクトに対処したい

| 原因 | 関係性コンフリクトが起きている |

↓

| 組織の対策 | チームメンバーの多様性を大きくしすぎないように、メンバーを選定する |

| 個人の対策 | コンフリクトが起きた際の方針を決め、問題解決ができるようにする |

↓

| 副作用 | 意思決定を行う仕事や、複雑な仕事の場合、タスクコンフリクトはむしろプラスに働く |

参 考 文 献

* 1　エン・ジャパン (2020)「『職場でのコミュニケーション』意識調査」

* 2　HRプロ (2016)「社内コミュニケーションに関する調査」

* 3　日本法規情報株式会社 (2018)「相談サポート通信 相談者実態調査」

* 4　De Dreu, C. K. W., Harinck, F., and Van Vianen, A. E. M. (1999). Conflict and performance in groups and organizations. In C. L. Cooper and I. T. Robertson (Eds.), International Review of Industrial and Organizational Psychology Vol. 14. John Wiley & Sons Ltd.

* 5　Jehn, K. A. (1997). A qualitative analysis of conflict types and dimensions in organizational groups. Administrative Science Quarterly, 42, 530-557.

* 6　Jehn, K. (1995). A multimethod examination of the benefits and detriments of intragroup conflict. Administrative Science Quarterly, 40, 256-282.

* 7　De Dreu, C. K. and Weingart, L. R. (2003). Task versus relationship conflict, team performance, and team member satisfaction: A meta-analysis. Journal of Applied Psychology, 88(4), 741-749.

* 8　O'Neill, T. A., Allen, N. J., and Hastings, S. E. (2013). Examining the "pros" and "cons" of team conflict: A team-level meta-analysis of task, relationship, and process conflict. Human Performance, 26(3), 236-260.

* 9　De Wit, F. R. and Greer, L. L. (2008). The black-box deciphered: A meta-analysis of team diversity, conflict, and team performance. In Academy of Management Proceedings (Vol.2008, No.1). Briarcliff Manor, NY 10510: Academy of Management.

* 10　Tekleab, A. G., Quigley, N. R., and Tesluk, P. E. (2009). A longitudinal study of team conflict, conflict management, cohesion, and team effectiveness. Group & Organization Management, 34(2), 170-205.

* 11   De Wit, F. R., Greer, L. L., and Jehn, K. A. (2012). The paradox of intragroup conflict: A meta-analysis. Journal of Applied Psychology, 97(2), 360-390.

Part 4

育成と自律性にまつわる処方箋

14
新人を早期戦力化したい

case1 入社して早々に新人が辞めてしまった

case2 会社として新人の受け入れ体制が十分ではない

case3 新人に早く会社に慣れてほしいが、うまくいかない

現実に起きている問題

　会社は新人を受け入れるために、さまざまな取り組みを実施しています。最もよく行われているのは「新人研修」です。新人研修の中では、集合研修（92%）、職場見学（44%）、課題・レポート提出（29%）の順で実施率が高くなっています。メンター制度を導入する企業も増えてきています（54%）。

　しかし、このような施策を行っているものの、入社半年後に行われるフォロー研修では課題を感じる新人が多く見られます。新人が抱える大きな課題は「配属先でのミスマッチ」（55%）で、モチベーション維持（53%）、早期戦力化（38%）が続きます[*1]。会社に円滑に適応できている人は思いのほか少なく、入社3年目の時点で「馴染めている」と感じている新人は約半数にすぎません[*2]。

「新人の適応」と言うと、新卒採用をイメージする人が多いかもしれませんが、中途採用で入社した新人の適応も検討すべき課題です。中途採用ではより事態が深刻です。新卒採用者には、体系的な研修などの受け入れ施策がある一方で、中途採用者にはその種の施策があまり用意されていません。

中途採用者向けに「オンボーディング（新入社員に対して必要なサポートを行い適応を図ること）に力を入れていない」と回答し、「定着・パフォーマンスに課題がある」と答える企業に、オンボーディングに力を入れていない理由を尋ねると、「何から取り組めばよいかわからないから」（48%）、「予算や人員が足りないから」（44%）、「トップ（経営）がその重要性を理解していないから」（29%）という結果となっています[3]。

新卒入社においても、中途入社においても、新人の適応には課題がある状況です。

課題を読み解く研究知見

● 組織社会化とは会社に慣れるプロセス

新人適応の問題には、どのようにアプローチしていくとよいのでしょう。この問題を考える上で有益なのは、「組織社会化」の研究です。組織社会化とは、「会社での役割を引き受けるために必要とされる、知識や技能を得るプロセス」を意味します[4]。会社や職場に慣れる過程のことです。

組織社会化は、会社の中で文化が継承される理由を説明しようとして持ち出された概念です。ある会社に入ると「その会社の社員らしく」なりますが、これは組織社会化の現れです。

● 新人は入社後に多くのことを学ぶ

組織社会化において、新人が学ぶべきことはたくさんあります。例えば、

仕事能力の獲得（performance proficiency）、周囲との関係構築（people）、パワー関係の把握（politics）、独特な言葉の習得（language）、会社の目標や価値観の受け入れ（organizational goal and value）、会社の歴史の理解（history）が挙げられます[5]。それぞれ具体的には、次のような内容です。

仕事能力の獲得

- 自分の仕事のコツを学んでいる
- 必要なタスクをマスターしている
- 自分の職務内容を理解している

周囲との関係構築

- 職場のメンバーと仲よくなっている
- 職場の懇親会に呼んでもらえる
- 職場の非公式な集まりにも入っていける

パワー関係の把握

- 影響力のある人が誰かがわかる
- 行動の背後の思惑を理解している
- この会社の物事の動かし方を知っている

独特な言葉の習得

- この会社の専門用語をマスターしている
- この会社の略語を理解している
- この会社の独特な言い回しを把握している

会社の目標や価値観の受け入れ

- この会社の目標は、自分の目標でもある

・この会社の価値観を信じている

・この会社の目標を支持している

会社の歴史の理解

・会社の歴史のことを知っている

・会社の伝統的な行事を知っている

・会社の慣習や儀式について理解している

● 組織社会化は周囲との関係作りから始まる

組織社会化はどのような流れで進むのでしょうか。日本企業を対象にした研究の結果、およそ下記の3段階で進むことがわかっています。

①周囲との関係を構築する

②会社のルールに形式上従えるようになる

③会社の価値観を自分のものにする

ここで重要なのは、一足飛びに新入社員の価値観が変わるわけではない点です。まずは関係性を構築し、次にルールに従うことを経て、価値観が変わります[*6]。新人の適応を考える際には、価値観の変容から入らずに、職場のメンバーと仲よくなるための支援が必要です。

● 中途採用では適応のジレンマが起きる

組織社会化だけではなく、組織「再」社会化という考え方もあります。文字どおり、再び社会化するということです。

中途採用で入社した人は、以前所属していた会社に一度、組織社会化しています。以前の会社の社会化から脱却し、新たに入社した会社に社

会化するのが組織再社会化です[*7]。

　中途入社したことがある人であればイメージしやすいと思いますが、組織再社会化のプロセスにおいては、「前の会社ではこうだったのに」といった葛藤が生じます。しかし、厄介なことに、中途採用者は「即戦力」としての働きが求められます。

　組織再社会化をするためには、まず周囲との関係構築が大事になります。一方で、関係を作るためには一定の成果を出さなければなりません。ところが、成果を出すためには周囲との関係性が必要となる。このような具合に、中途採用ならではの適応のジレンマがあります[*8]。

エビデンスに基づく解決策

　組織社会化の研究では、新人の適応を促すために2つのアプローチが示されています。「組織社会化戦術」と「プロアクティブ行動」です。それぞれ解説していきましょう。

● 会社からの体系的な働きかけが有効

　組織社会化戦術は、会社から新人に対する働きかけを指します[*4]。新人研修は組織社会化戦術の一例です。一般に新卒採用では、組織社会化戦術が十分に取られますが、中途採用では手薄になりがちです。

　組織社会化戦術には、意図的で体系的な「制度的戦術」と、意図はなく自然に接する「個別的戦術」があります。このうち、新人の適応につながりやすいのは制度的戦術のほうです[*9]。

　新人の適応に有効な制度的戦術は、4つあります。

①規則的戦術：「最初の研修はこれで次はこれ、その後、現場に出て…」
　　といった具合に、適応の順序を明確に示します

②**固定的戦術**：規則的戦術にも近い方法で、適応に向けたタイムテーブルを定めます

③**連続的戦術**：新人にロールモデルやメンターをつけます

④**付与的戦術**：肯定的なフィードバックを新人に提供します。フィードバックを得ることで、会社における役割を遂行できるという自信が高まります[*10]

　会社から新人に対して、規則的戦術、固定的戦術、連続的戦術、付与的戦術を行いましょう。そのことで、新人が会社になじみやすくなります。

● **新人が自分や環境に働きかけることも大事**

　組織社会化の研究では、近年まで、新人が受動的な存在として捉えられてきました。しかし、新人は会社から影響を受けるだけではありません。新人もまた会社に対して影響を与えます[*11]。

　新人が自らの適応のために積極的に振る舞う、「プロアクティブ行動」に注目が集まっています。プロアクティブ行動とは、新人による、自分や環境に影響を与える未来志向で変革志向の行動を指します[*12]。

　新人のプロアクティブ行動が適応にポジティブに作用するのは、「自分を取り巻く環境を理解するには、自分で動いたほうが早い」からです[*11]。新しい会社に入ると、どうにもならないことの多さに悩むものです。

組織社会化戦術とプロアクティブ行動の関係性　　　　　　　　　　著者作成

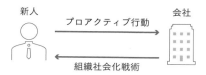

けれども、プロアクティブ行動を取れば、少しずつコントロールできることが増えていきます[*13]。

新人によるプロアクティブ行動の例を、以下7つ挙げましょう。

①自ら情報を探しにいく
②自分の仕事ぶりに対するフィードバックを求める
③上司と良好な関係を築く
④社内での人脈作りに励む
⑤オフィスに立ち寄るなど、親睦を深めようとする
⑥自分の仕事を変えてもらうように交渉する
⑦物事をポジティブに解釈する[*13]

新卒採用者の場合、仕事内容の変更を交渉することは難しいかもしれません。とはいえ、それ以外の行動は心がけ次第で発揮できます。

中途採用者は組織社会化戦術を受けにくいため、プロアクティブ行動の重要度が高くなります。新人がプロアクティブ行動を取れていないことに気づいたら、周囲からそれを促すような一言があってもよいでしょう。

● 組織社会化戦術とプロアクティブ行動は新人への影響が異なる

組織社会化戦術とプロアクティブ行動は、どちらも新人の適応に有効ですが、その効果には違いがあることもわかっています。

会社側が新人に対して組織社会化戦術を行うと、新人は自分の役割を変えていこうとしなくなります。対して、新人がプロアクティブ行動を取ると、自分の役割を変える行動が増えます[*14]。

組織社会化戦術は新人の柔軟な態度や行動を妨げる可能性があるということです。組織社会化戦術を強く行うと、創造性が失われる恐れもあります。気をつけましょう。

- どのような流れで新人教育が進んでいくかを新人に示そう

- 新人の周囲に対する働きかけを奨励しよう

副作用の可能性とリスクヘッジ

● ネガティブな行動を学ぶこともある

　組織社会化には、組織社会化戦術のように公式的に行われるものもある一方で、非公式的に進むものもあります。新人は日常業務を通じて周囲を観察し、そこからさまざまなことを学んでいます。新人が学ぶのは必ずしもポジティブなことだけではありません。時に、周囲のネガティブな行動を新人が吸収することもあります。

　例えば、上司やクライアントの酒量が多い会社に所属していると、会社から「飲酒せよ」と公式的に言われていないにもかかわらず、「たくさん飲まないとダメなのか」と新人は理解します。その結果、新人がアルコールを過剰摂取するようになるとの研究があります[15]。

　安全装置を使わない慣習のある現場に配属された新人は、危険が伴う作業にもかかわらず、安全装置を使わない傾向があります[16]。これらは新人を危険にさらす意味で、社会的にネガティブな行動や慣習を新人が組織社会化を通じて学んだ例です。

　新人の配属先で、ネガティブな行動の学習が起きていないかを改めて確認したいところです。現場の従業員から話を聞き、状況の把握に努めるとよいでしょう。

● 剥奪的社会化が新人を追い詰める

　組織社会化は、場合によっては、新人の個性を剥奪する恐れがあります。このような社会化のことを「剥奪的社会化（divestiture socialization）」と呼びます。新人自身の価値観を否定し、会社の価値観を刷り込もうとする試みが、剥奪的社会化にあたります。非常に厳しい新人研修をイメージするとわかりやすいかもしれません。

　剥奪的社会化が行われると、新人の創造性が失われます。個性を奪うわけですから、これは当然のことです。行動選択の自由が失われることで、精神的にも追い詰められ、仕事や会社に対する満足度が下がります。「こんな会社は嫌だ」と思うようになるのです。

　上司から新人に対するサポートがあれば、剥奪的社会化の悪影響がいくぶん緩和されるという報告もあります*17。とはいえ、上司からのサポートがあれば剥奪的社会化をしても構わないと考えるのは危険でしょう。新人に対して「学生時代の常識とは違う」「今までのことは意味がない」「会社のやり方しか認めない」などの関わり方をしないように気をつけたいものです。

　逆に、新人本来の姿を大事にするような組織社会化のアプローチは、会社に所属する誇りを強調するアプローチよりも、半年後の定着率が高いことが明らかになっています*18。新人に会社の型を急激に押しつけるよりも、個性を尊重して適応を促したほうが、結局はよい効果が生まれます。

まとめ

課題：新人を早期戦力化したい

原因	組織社会化が不十分である

↓

組織対策	規則的・固定的・連続的・付与的な組織社会化戦術を実行する
個人の対策	新人から自分や周囲に対してプロアクティブ行動を取る

↓

副作用	有効ではない職場の慣行を新人が学ぶ可能性がある 組織社会化が押しつけになれば、新人の個性が剥奪される

参 考 文 献

* 1　HR総研（2019）「人材育成（階層別研修）に関するアンケート調査」

* 2　パーソル総研（2021）「2020年度新卒入社者のオンボーディング実態調査（コロナ禍影響編）」

* 3　エン・ジャパン（2020）「『中途入社者のオンボーディング』と『入社後活躍』に関する調査・分析」

* 4　Van Maanen, J. and Schein, E. H. (1979). Toward of theory of organizational socialization. Research in Organizational Behavior, 1, 209-264.

* 5　Chao, G. T., O'Leary-Kelly, A. M., Wolf, S., Klein, H. J., and Gardner, P. D. (1994). Organizational socialization: Its content and consequences. Journal of Applied Psychology, 79, 730-743.

* 6　髙橋弘司（1994）「組織社会化段階モデルの開発および妥当性検証の試み」『経営行動科学』第9巻2号、103-121頁。

* 7　中原淳（2012）『経営学習論：人材育成を科学する』東京大学出版会。

* 8　尾形真実哉（2017）「中途採用者の組織適応課題に関する質的分析」『甲南経営研究』第57巻4号、57-106頁。

* 9　Jones, G. R. (1986). Socialization tactics, self-efficacy, and newcomers' adjustments to organizations. Academy of Management Journal, 29(2), 262-279.

* 10　Cable, D. M. and Parsons, C. K. (2001). Socialization tactics and person-organization fit. Personnel Psychology, 54(1), 1-23.

* 11　Chan, D. and Schmitt, N. (2000). Interindividual differences in intraindividual changes in proactivity during organizational entry: a latent growth modeling approach to understanding newcomer adaptation. Journal of

Applied Psychology, 85(2), 190-210.

* 12　Grant, A. M. and Ashford, S. J. (2008). The Dynamics of Proactivity at Work. Research in Organizational Behavior, 28, 3-34.

* 13　Ashford, S. J. and Black, J. S. (1996). Proactivity during organizational entry: The role of desire for control. Journal of Applied Psychology, 81(2), 199-214.

* 14　Ashforth, B. E., Sluss, D. M., and Saks, A. M. (2007). Socialization tactics, proactive behavior, and newcomer learning: Integrating socialization models. Journal of Vocational Behavior, 70, 447-462.

* 15　Liu, S., Wang, M., Bamberger, P., Shi, J., and Bacharach, S. B. (2015). The dark side of socialization: A longitudinal investigation of newcomer alcohol use. Academy of Management Journal, 58(2), 334-355.

* 16　Choudhry, R. M., and Fang, D. (2008). Why operatives engage in unsafe work behavior: Investigating factors on construction sites. Safety Science, 46, 566-584.

* 17　Montani, F., Maoret, M., and Dufour, L. (2019). The dark side of socialization: How and when divestiture socialization undermines newcomer outcomes. Journal of Organizational Behavior, 40, 506-521.

* 18　Cable, D, Gino, F and Staats, B. (2013). Breaking them in or eliciting their best?: Reframing socialization around newcomers' authentic self-expression. Administrative Science Quarterly, 58 (1). 1-36.

15

教育研修の効果を
定着させたい

よくあるケース

case1 研修を実施しているが、効果が出ていない

case2 研修の場では感化されるが、職場に帰ると熱が冷めて、いつもの日常に戻る

case3 研修内容が、職場の現状に合っているとは思えない

現実に起きている問題

　6割を超える企業で、教育研修は実施されています。しかし、例えば、マネジャー研修の効果について人事担当者に尋ねると、「どちらとも言えない」が最多で5割になっています。効果が「大変出ている」「まあまあ出ている」を合わせても半数以下という結果です[*1]。

　しかも、効果検証を「ほとんどの研修プログラムに対して実施している」という回答は、16.5％にとどまります。逆に、32.5％の会社が効果検証を実施していません。効果検証の方法としては、「受講直後のアンケート調査等による受講者の満足度評価」が6割超に上ります。一方で、「学習到

達度評価」や「行動変容の評価」を実施する会社は少なく、2割程度です。「業績向上度合の評価」まで行うのは14.8％でした[*2]。

　研修は十分に効果が実感できていない上に、効果検証も満足度以外はあまり行われていないのです。

課題を読み解く研究知見

　効果のある研修を実施するには、どうすればよいのでしょう。鍵となるのは「研修転移」（transfer of training）という概念です。研修で学んだことを職場で活かすのが、研修転移の意味するところです[*3]。

　研修転移の内容は、2つに分けられます。1つが「般化」（generalization）で、研修中の学びの抽象度を高めて、職場に持ち込めるようにすることです。研修を通じた学びは有益ですが、そのまま職場で活かせるわけではありません。般化が必要です。

　もう1つが、「保持」（retention）です。研修で学んだことも、最初のうちは覚えています。ところが、忙しい日々の中で徐々に確実に忘れ去られていきます。そうした事態を避け、学びを保持しなければなりません。

　般化と保持を伴う研修転移が実現できていると、

・研修で得たスキルを用いて、仕事が改善される
・研修に参加する前よりも、早く仕事ができるようになる
・研修に参加後、よりよい方法で仕事を仕上げられるようになる

などの状態になります[*4]。ここまでくれば、「研修をやったかいがあった」と言えます。

エビデンスに基づく解決策

　研修転移を促すための方法を紹介しましょう。まずは、般化を高めるアプローチです。

● 活用の自信や、能力向上への志向性を高める

　般化については、さまざまな要因が検証されています[*5]。例えば、

・知能検査で測定できるような認知能力が高いこと：研修における学びを抽象化するのが得意
・几帳面で計画的な性格であること：研修における学びを職場にしっかり活かそうとする
・不安や心配を抱きにくい性格であること：研修における学びを活かすことに対して及び腰にならない
・活用への自信を高める働きかけがあること（自己効力感と呼び、詳細は144ページを参照）：自信があると、職場でもやってみようと思える
・自分の能力を高めたいと考えていること（学習目標志向性と呼び、詳細は137ページを参照）：能力を高めたい人は研修転移のモチベーションが高い

などが、般化を促します。

● 学びを活かす機会を作り、サポートを欠かさない

　先ほどのものは般化の要因の中でも個人の特徴に関わる要因でした。般化には環境要因もあります。具体的には、

・研修転移を促そうとする雰囲気が醸成されていること：そのような雰囲気があれば、転移は行いやすい

- 同僚からのサポートがあること：サポートがあれば、活かすための意欲も高まり、実際に活かしやすくもなる
- 上司からのサポートがあること：上司は評価者でもあるため、上司から背中を押してもらえると転移の弾みになる
- 研修で学んだ内容を活かす機会があること：逆に活かす機会がなければ、活かすことはできない
- 研修で学んだことを試した際にフィードバックがあること：フィードバックを受けて、研修での学びをさらに洗練化できる
- 仕事上の制約が少ないこと：制約が多いと研修での学びを活かしにくい

という環境があれば、般化は進みます。研修転移のためには、研修での学びを活かすことができ、そのための支援が得られる環境が大事なのです。

　一方、保持（retention）については、もっとシンプルです。タスクを繰り返すことが有効です[*6]。結局のところ、実行し続けなければ忘却されてしまう、ということです。

担当者から始める明日への一歩

- 研修を受けた人を周囲がサポートしよう

- 研修で学んだことを試す機会を設けよう

副作用の可能性とリスクヘッジ

● 研修と活用場面の類似性が低いと混乱する

　研修転移には、ポジティブな側面（positive transfer）とネガティブな側面

（negative transfer）があります。前述のとおり、基本的には、研修転移はポジティブな側面が多く、研修転移という言葉そのものが、一般にポジティブな研修転移を指すほどです。

　しかし、ネガティブな側面が表出化することもあります。ネガティブな転移とは、あるタスクでのパフォーマンスが、別のタスクでのパフォーマンスを阻害することを指します[*7]。

　例えば、ある課題に取り組んだ後に、それとは似ていない課題に取り組むと、うまくいきません[*8]。こうしたケースでは、ネガティブな転移が起きています。

　研修の文脈で言えば、コーチングの研修を受けた後に、ティーチングが求められる仕事に取り組むと、その仕事へのパフォーマンスが低くなるといった具合です。コーチングでは相手に質問し、話を引き出すことを重視する一方、ティーチングは相手に正しい答えを教えることを意味します。これでは研修と仕事が類似しておらず、研修を行うことが仕事の邪魔になります。

　学習の機会と活用の機会に類似性があると、ポジティブな転移が起きますが、類似性がないとネガティブな転移が起きます。このことは、別の研究でも明らかになっています[*9]。

● 学びすぎると柔軟性がなくなってしまう

　研修転移が起きるのはよいことではありますが、度をすぎると問題になります。「過学習」と呼ばれる状態です。

　研修において、あるスキルを学び、実践で繰り返して自分のものになったとします。さらに研修を行って、もはや意識せずとも体が動くほどの習得レベルまで到達しました。そうなると、残念ながら、柔軟性が失われてしまいます。

　例えば、別のスキルが求められる場面に対峙したとしましょう。過学習

に陥った人は、状況に応じた行動を取れなくなってしまいます[*10]。その結果、思うようなパフォーマンスが得られません。過学習に注意しつつ、研修転移を促さなければなりません。

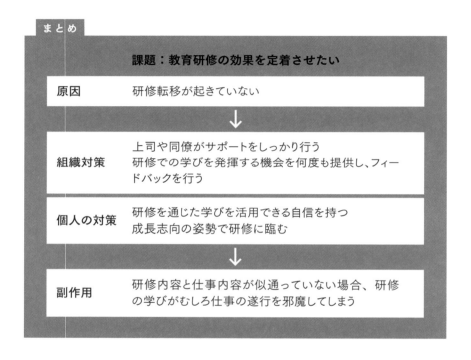

まとめ

	課題：教育研修の効果を定着させたい
原因	研修転移が起きていない

↓

組織対策	上司や同僚がサポートをしっかり行う 研修での学びを発揮する機会を何度も提供し、フィードバックを行う
個人の対策	研修を通じた学びを活用できる自信を持つ 成長志向の姿勢で研修に臨む

↓

副作用	研修内容と仕事内容が似通っていない場合、研修の学びがむしろ仕事の遂行を邪魔してしまう

参 考 文 献

* 1 　HR総研（2019）「HR総研：人材育成『管理職研修』に関するアンケート調査　結果報告」

* 2 　ディスコ（2013）「『社員研修に関するアンケート』結果」

* 3 　Goldstein, I. L. and Ford, J. K. (2002). Training in Organizations: Needs Assessment, Development, and Evaluation (4th ed.). Wadsworth/Thomson Learning.

* 4 　Tesluk, P. E., Farr, J. L., Mathieu, J. E., and Vance, R. J. (1995). Generalization of employee involvement training to the job setting: Individual and situational effects. Personnel Psychology, 48(3), 607-632.

* 5 　Blume, B. D., Ford, J. K., Baldwin, T. T., and Huang, J. L. (2010). Transfer of training: A meta-analytic review. Journal of Management, 36(4), 1065-1105.

* 6 　Driskell, J. E., Willis, R. P., and Copper, C. (1992). Effect of overlearning on retention. Journal of Applied

Psychology, 77(5), 615-622.

* 7 Ellis, H. (1965). The Transfer of Learning. Macmillan: New York.

* 8 Chen, Z. and Daehler, M. W. (1989). Positive and negative transfer in analogical problem solving by 6-year-old children. Cognitive Development, 4(4), 327-344.

* 9 Rosenstein, M. T., Marx, Z., Kaelbling, L. P., and Dietterich, T. G. (2005). To transfer or not to transfer. In NIPS 2005 Workshop on Transfer Learning (Vol. 898).

* 10 Maheshwari, K. (2019). Stress affects the working of an employee in an organization. International Journal of Trade & Commerce-IIARTC, 8(1), 87-97.

16
自ら成長を求めてほしい

よくあるケース

case1 自分がどう見られているかばかり気にしている人がいる

case2 成長のためにはよい経験でも、失敗をおそれて飛び込めない

case3 成長を望んでいないメンバーの扱いに困っている

現実に起きている問題

　仕事を通じた成長が大事だと思っている人は8割弱に上ります。他方で、過去1年で成長を実感できたのは、5割程度にとどまります*1。また、成長に関心を持つ層は2つに分かれます。ある調査によると、仕事を通じて「成長することに興味のある層」は61.6％で、「成長にそれほど関心がない層」は38.4％でした。

　成長は大事だと頭ではわかっているのですが、自分の成長に関心を持たない人もおり、半数が成長を実感できていないのです。国際比較の結果を見ても、成長に対する関心も成長を実感している度合いも、インドネシア、フィリピン、インド、ベトナムなどアジア太平洋系の諸国と比較すると、日本は低い傾向にあります*2。

課題を読み解く研究知見

　従業員が自らの成長を求めるようになるには、何が必要でしょうか。この問題を考えるために、「学習目標志向性」という概念が有益です。学習目標志向性とは、物事に取り組む際に自分の能力の向上を目指す態度のことです[*3]。

　皆さんは「仕事でうまくいったと感じるのは、どのような時ですか」と尋ねられたら、何と答えますか。

・努力して新しい知識を得た時
・自分が上達していることを実感できた時
・楽しく新しいことを学んでいる時

といった場面を答える人は、学習目標志向性が高いと言えます[*4]。

　学習目標志向性が高いほど、仕事のパフォーマンスは高く[*5]、会社にとって効果的な役割外行動を自発的に取ります[*6]。つまり、学習目標志向性は、与えられた役割を遂行する意味でのパフォーマンスも、役割の範囲外の行動もともに向上させる効果があるのです。さらに、学習目標志向性が高いと、研修で学んだことを職場で活かします（これを研修転移と呼びます。研修転移の詳細は130ページを参照）[*7]。

エビデンスに基づく解決策

　さまざまな効果をもたらす学習目標志向性を、できる限り高めたいところです。そのためのヒントを探っていきましょう。

● 能力観

　能力観とは、能力というものをどのように捉えているかを指します。例えば、「人の能力は高めていける」と考える人もいれば、「人の能力は生まれつき決まっている」と考える人もいます。前者の能力観を持つ人は、学習目標志向性が高く、逆に、後者の能力観を持つ人は、学習目標志向性が低い傾向にあります[*8]。

● 知識獲得スピード

　何かを経験した時に、どの程度のスピードで学習が起こると思いますか。「学習はすぐに起こるか、それとも、起こらないかのどちらかだ」と捉える人もいるかもしれません。何かを聞いた時に「その場で理解できなければアウト」と考えるタイプです。そのような人は、学習目標志向性が低くとどまりがちです[*9]。

● 評価への恐れ

　ネガティブな評価を恐れる人ほど、学習目標志向性が低くなります[*10]。その一方で、さまざまなことにストレスを感じたり、心配に思ったり、不快感を覚えやすい特性の人が、必ずしも学習目標志向性が低いとは限りません[*11]。

　学習目標志向性は、あくまで評価に対する不安とのみ関係している点が興味深いところです。「下から3番まで営業成績を貼り出します」といった職場では、ネガティブな評価への不安が高まるため、学習目標志向性は高まりにくいということです。

● 自己効力感

　自己効力感は、特定の行動を遂行する自信のことです（自己効力感の詳細は144ページを参照）。自己効力感も学習目標志向性と関わります。例えば、

自己効力感が低く、学習目標志向性が高いほど、営業に対する努力を惜しみません[*12]。行動する自信がない時に、学習目標志向性が高い人は努力をしますが、自信がある時は、そこまで努力をしないのです。

● フィードバック

耳の痛いネガティブなフィードバックを受けるのは嫌だという人も多いでしょう。学習目標志向性が高い人も、ネガティブなフィードバックを受けた直後は、「このフィードバック内容は役に立たない」と感じます。

しかし、それから1か月程度経つと、「役に立った」と捉えるようになります[*13]。

担当者から始める明日への一歩

● 自分の能力は高められると信じよう

● 学習はゆっくり確実に起こるものと捉えよう

副作用の可能性とリスクヘッジ

● 必要性や余裕がないと機能しない

多くの効果をもたらす学習目標志向性ではありますが、万能ではありません。学習目標志向性が有効ではない条件もあります。例えば、

・外部からのフィードバックを期待している時
・時間的なプレッシャーがある時

は、学習目標志向性がパフォーマンスにつながりにくいことがわかってい

ます[*14]。他者からコメントをもらおうと考えていたり、時間的な余裕がなかったりすると、高い学習目標志向性を持っていても、宝の持ち腐れとなります。

● 認知能力が低いと機能しない

　知能検査などで測定できるような認知能力が高い場合、学習目標志向性が高いほどパフォーマンスが向上します。

　一方で、認知能力が低い場合は、学習目標志向性とパフォーマンスの関連性が消失します[*15]。

　学習目標志向性は、認知能力が低いと機能しにくいということです。認知能力が低いと、適切な努力を行うことができないからです。

● 余計なことを進め続ける

　学習目標志向性が高いと、創造的逸脱の可能性が高まります[*16]。会社からの抵抗を受けても革新的な活動を追求することが、創造的逸脱の意味するところです。

　革新の向かう先がよい方向なら構いませんが、そうではないこともあります。余計なことを粘り強く進める可能性もあるのです。

まとめ

課題：自ら成長を求めてほしい

原因	学習目標志向性が低い

↓

組織対策	失敗した人を許容するなど、評価への恐れを抱かせない 学習の機会を何度も設定し、「一度で学ばなければアウト」と思わせない
個人の対策	何歳からでも能力は高められると考える いきなり成長しなくても、ゆっくり成長は起きていると捉える

↓

副作用	必要性や余裕がなかったり、認知能力が低かったりすると、パフォーマンスにつながらない 会社の言うことを聞かずに邁進する可能性もある

参 考 文 献

＊1　パーソル総合研究所（2017）「働く1万人成長実態調査2017」

＊2　パーソル総合研究所（2019）「APAC就業実態・成長意識調査（2019年）」

＊3　Dweck, C. S. and Elliott, E. S. (1983). Achievement motivation. In P. H. Mussen (Gen. Ed.), and E. M. Hetherington (Ed.), Handbook of Child Psychology (Vol. 4, pp. 643-691). New York Wiley.

＊4　Janssen, O. and Van Yperen, N. W. (2004). Employees' goal orientations, the quality of leader-member exchange, and the outcomes of job performance and job satisfaction. Academy of Management Journal, 47, 368-384.

＊5　Payne, S. C., Youngcourt, S. S., and Beaubien, J. M. (2007). A meta-analytic examination of the goal orientation nomological net. Journal of Applied Psychology, 92(1), 128-150.

＊6　Louw, K. R., Dunlop, P. D., Yeo, G. B., and Griffin, M. A. (2016). Mastery approach and performance approach: The differential prediction of organizational citizenship behavior and workplace deviance, beyond HEXACO personality. Motivation and Emotion, 40(4), 566-576.

＊7　Blume, B. D., Ford, J. K., Baldwin, T. T., and Huang, J. L. (2010). Transfer of training: A meta-analytic review. Journal of Management, 36(4), 1065-1105.

* 8   Dweck, C. S. and Leggett, E. L. (1988). A social-cognitive approach to motivation and personality. Psychological Review, 95(2), 256-273.

* 9   Braten, I. and Stromso, H. I. (2004). Epistemological beliefs and implicit theories of intelligence as predictors of achievement goals. Contemporary Educational Psychology, 29(4), 371-388.

* 10   VandeWalle, D. (1997). Development and validation of a work domain goal orientation instrument. Educational and Psychological Measurement, 57(6), 995-1015.

* 11   Elliot, A. J. and McGregor, H. A. (1999). Test anxiety and the hierarchical model of approach and avoidance achievement motivation. Journal of Personality and Social Psychology, 76(4), 628-644.

* 12   Sujan, H., Weitz, B. A., and Kumar, N. (1994). Learning orientation, working smart, and effective selling. Journal of Marketing, 58(3), 39-52.

* 13   Brett, J. F. and Atwater, L. E. (2001). 360° feedback: Accuracy, reactions, and perceptions of usefulness. Journal of Applied Psychology, 86(5), 930-942.

* 14   Van Yperen, N. W., Blaga, M., & Postmes, T. (2015). A meta-analysis of the impact of situationally induced achievement goals on task performance. Human Performance, 28(2), 165-182.

* 15   Bell, B. S. and Kozlowski, W. J. (2002). Goal orientation and ability: Interactive effects on self-efficacy, performance, and knowledge. Journal of Applied Psychology, 87, 497-505.

* 16   Tenzer, H. and Yang, P. (2020). The impact of organisational support and individual achievement orientation on creative deviance. International Journal of Innovation Management, 24(2), 2050020.

17

従業員の行動を変えたい

case1 行動を変えるように伝えているが、何も変わっていない

case2 よくない習慣だとわかっていても、なかなか改善できずにいる

case3 新しい制度を入れても、古い行動が改まらない

現実に起きている問題

「自分のキャリアを自分で考えてほしい」「指示待ちではなく、主体的に動いてほしい」「部下ができたのだから、これまでの振る舞いを変えてほしい」など、従業員の行動変容が求められる状況は少なくありません。

同じ役割をずっと遂行し続けるわけにはいきません。会社も市場の影響を受けて変わっていきます。

しかし、人は簡単には行動を変えません。それまでの慣れ親しんだ行動を捨て、新しい行動を取るのは至難の業です。実際に、「従業員が行動を変えてくれない」という悩みを持つ人事担当者も多いのではないでしょうか。

ここでは、従業員の行動変容について取り上げ、どうすれば行動が変わるのかを考えてみたいと思います。

課題を読み解く研究知見

　従業員の行動を変えるためのヒントを与えてくれるのは、「自己効力感」という概念です。自己効力感は、「一定の水準のパフォーマンスを生み出す能力に対する信念」と定義されます[*1]。さまざまなパフォーマンスに対する自己効力感が存在しますが、ここでは特に「職務自己効力感」に注目します。職務自己効力感とは、仕事をうまく進めるための行動を取れる自信を指します。具体的には、

・仕事で問題に直面しても、いくつかの解決策を見つけられる
・仕事で何が起こったとしても、たいてい対処できる
・仕事で要求されることには、ほとんど対応できると思う

といった感覚を持っていれば、職務自己効力感が高いと言えます[*2]。以降の説明では、職務自己効力感のことを、シンプルに「自己効力感」と呼びます。

Diagrammatic representation of the difference between efficacy expectations and outcome expectations.
Bandura, A. (1977) [*3]

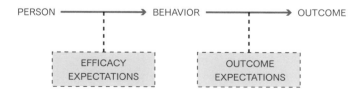

人がある行動をうまく取れるという信念を効力予期（efficacy expectations）と言います。この効力予期が自己効力感と呼ばれます。よい結果が出るという信念（outcome expectations）ではない点に注意が必要です。自己効力感はあくまで行動に対する自信を指します。

自己効力感については、さまざまなポジティブな効果が検証されています。例えば、自己効力感が高いと、仕事のパフォーマンスが高い傾向があります。自己効力感があれば行動を取りやすく、試行錯誤しながらよい結果につなげていけるからです。ただし、課題が複雑になると、自己効力感とパフォーマンスの関連は弱くなります[*4]。複雑な課題の場合、自信だけでは乗り切れないからです。

　自己効力感にはバーンアウト（燃え尽き）を抑制したり[*5]、ワークエンゲージメント（働きがい）を高めたりする効果も認められています[*6]。自己効力感は、仕事に対してポジティブに取り組むことを促してくれるのです。

エビデンスに基づく解決策

　自己効力感を高めるための方法として有名なのは、「遂行行動の達成」「代理的経験」「言語的説得」「情動喚起」の4つです[*3]。

①遂行行動の達成

　小さくてもよいので成功体験を得ることです。例えば、プレゼンテーションに対する自己効力感を高めるために、職場メンバーの前で話をする機会を作ると、自信がつきます。

②代理的経験

　他の人の取り組む姿を見て、「自分にもできそう」と感じることです。プレゼンテーションの自己効力感の例で言えば、プレゼンテーションをうまく行っている先輩の様子を見せるなどの方法が挙げられます。

③言語的説得

　励ましの言葉をもらうことです。暗に言ってもらう形でも、直接伝えて

もらう形でも構いません。「あなたならできる」と他者に言ってもらえると、「できそうだ」と感じます。プレゼンテーションの自己効力感を高める言語的説得としては、「準備をすれば乗り越えられる」といった声がけが考えられます。

④情動喚起

感情を揺さぶるような経験を提供することです。「プレゼンでは緊張してしまう」と悩んでいる人がいたとします。その人に対して、「本番の様子を少し想像してみてください」と伝え、「どうですか。思ったよりドキドキしませんよね」と述べるといったやり方があります。

4つの方法以外にも、役割曖昧性を下げると、自己効力感が高まることが明らかになっています[*7]。役割曖昧性とは、自分が仕事で期待される役割がよくわからないことを指します。人は、自分が何をすればよいのかがわかると、「できそうだ」と思えるのです。

また、周囲からのサポートが得られていると、自己効力感は高まります[*8]。周囲からの協力があれば百人力です。自信も持ちやすくなるということでしょう。

担当者から始める明日への一歩

● 類似する課題に取り組んで、小さな成功体験を得よう

● 身近なところで、自分のロールモデルとなる人を探そう

副作用の可能性とリスクヘッジ

● 自分の能力を過大評価する

自己効力感は、行動変容に影響を与える強力な要因です。しかし、自己効力感が高まりすぎると問題が起きます。自分の能力を過大に評価してしまうのです[9]。例えば、登山家を対象にした研究では、自己効力感が高いと、難易度が高くリスクのある道を選ぶことがわかりました[10]。

同様のことは会社の中でも起きます。例えば、自己効力感が高いと、革新的な行動を取る一方で、安全な行動をあまり取らなくなります[11]。「自分にはやれるだろう」と、アクセルを踏むためです。

● 働きすぎて問題が出てくる

自己効力感が高いと、仕事を前に進められます。それが行き過ぎると、過労に陥ります。実際に、自己効力感が高いほど、仕事の負荷が大きかったり、家庭と仕事の葛藤が大きかったり、会社や仕事への満足度が低かったりします[12]。人は、自信のあることにはどんどん時間や労力を投入します。しかし、裏を返せば、それ以外のものに投下するエネルギーが減ってしまうということです。

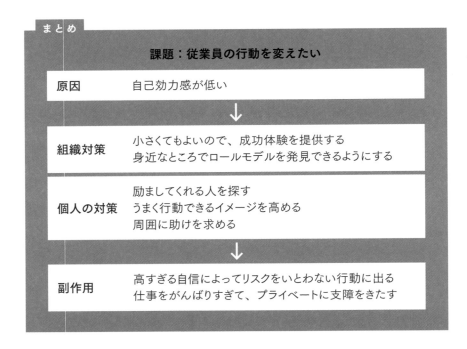

まとめ

課題：従業員の行動を変えたい

原因	自己効力感が低い

↓

組織対策	小さくてもよいので、成功体験を提供する 身近なところでロールモデルを発見できるようにする

個人の対策	励ましてくれる人を探す うまく行動できるイメージを高める 周囲に助けを求める

↓

副作用	高すぎる自信によってリスクをいとわない行動に出る 仕事をがんばりすぎて、プライベートに支障をきたす

参 考 文 献

* 1　Bandura, A. (1994). Self-efficacy. In V. S. Ramachaudran (Ed.), Encyclopedia of Human Behavior (Vol. 4, pp. 71-81). New York: Academic Press.

* 2　Rigotti, T., Schyns, B., and Mohr, G. (2008). A short version of the occupational self-efficacy scale: Structural and construct validity across five countries. Journal of Career Assessment, 16, 238-255.

* 3　Bandura, A. (1977). Self-efficacy: Toward a unifying theory of behavioral change. Psychological Review, 84, 191-215.

* 4　Stajkovic, A. D and Fred, L. (1998). Self-efficacy and work-related performance: A meta-analysis. Psychological Bulletin, 124, 240-261.

* 5　Shoji, K., Cieslak, R., Smoktunowicz, E., Rogala, A., Benight, C. C., and Luszczynska, A. (2016). Associations between job burnout and self-efficacy: A meta-analysis. Anxiety, Stress, & Coping, 29, 367-386.

* 6　Halbesleben, J. R. B. (2010). A meta-analysis of work engagement: Relationships with burnout, demands, resources and consequences. In A. B. Bakker and M. P. Leiter (eds.), Work engagement: A handbook of essential theory and research. New York, NY: Psychology Press.

* 7　Arnold, T., Flaherty, E. F., Voss, K. E., and Mowen, J. C. (2009). Role stressors and retail performance: The role of perceived competitive climate. Journal of Retaining, 85, 194-205.

* 8　Major, B., Cozzarelli, C., Sciacchitano, A. M., Cooper, M. L., Testa, M., and Mueller, P. M. (1990). Perceived

social support, self-efficacy, and adjustment to abortion. Journal of Personality and Social Psychology, 59, 452-463.

* 9 Stone, D. N. (1994). Overconfidence in initial self-efficacy judgments: Effects on decision processes and performance. Organizational Behavior and Human Decision Processes, 59(3), 452-474.

* 10 Llewellyn, D. J., Sanchez, X., Asghar, A., and Jones, G. (2008). Self-efficacy, risk taking and performance in rock climbing. Personality and Individual Differences, 45(1), 75-81.

* 11 Salanova, M., Lorente, L., and Martinez, I. M. (2012). The dark and bright sides of self-efficacy in predicting learning, innovative and risky performances. The Spanish journal of psychology, 15, 1123-1132.

* 12 Del Libano Miralles, M., Llorens, S., Salanova, M., and Schaufeli, W. (2012). About the dark and bright sides of self-efficacy: Workaholism and work engagement. The Spanish Journal of Psychology, 15, 688-701.

18

従業員のやる気を高めたい

よくあるケース

case1 自ら仕事に取り組もうとしない従業員が多い

case2 仕事に対して、どうもやる気が出ない

case3 「給料がもっと高ければ、やる気が出るのに」と思っている

現実に起きている問題

　従業員の「やる気」の問題は、今も昔も指摘され続けています。従業員を対象にした調査を見てみましょう。「あなたが今働いている会社は（やる気が出るか否か）？」という問いがあります。それに対して、「やる気が出る」という回答をした人は4割弱です。約6割の人が「やる気が出ない会社」に勤めていることになります[*1]。

　コロナ禍で、やる気の問題はより深刻になっています。人事を対象にした調査において、コロナ禍になって「従業員のやる気に変化があったと思うか」を尋ねました。その結果、やる気が下がっている（「下がっている」8.8％＋「やや下がっている」32.8％）という回答は、約4割に及びました[*2]。コロナ禍によるテレワークで、やる気の低下を懸念する人事が増えています。

　やる気の問題を考える知見として有効なのは、「モチベーション」に関する研究です。よく耳にするモチベーションという言葉ですが、次の5つの種類があります[*3]。

---

①外的調整

報酬を得たり罰を避けたりするために、行動を起こすことです。報酬や罰がなければ、その行動は取られません。「褒められるからやろう」「罰が怖いからやろう」というモチベーションです。

②取り入れ的調整

本人が認識しているわけではありませんが、ルールが内面化されていることから出てくる意欲です。例えば、「外的調整」のように、あからさまに叱られるわけではないものの「やらないとまずいから、やるか」と感じて行動します。

③同一化的調整

自身の目標と整合する行動であれば、取ろうとすることを指します。例えば、「自分にとって大事なことだからやっておこう」といった意欲が、これにあたります。

④統合的調整

自分らしさが感じられる行動を取ろうとする場合を意味します。「自分の価値観と一致しているから、この仕事をがんばろう」というモチベーションが、統合的調整です。

---

⑤内発的調整
特定の条件によって行動するのではなく、行動自体が目的になっているケースです。「楽しいからやろう」「夢中になっている」といった感情に基づく行動を表します。

　なお、①から⑤には境目が明確なわけではありません。いわばグラデーションのようになっています。①に近いほど、モチベーションは、自分以外の外部から与えられています。これを「統制的」と呼びます。他方で、⑤に近いほど、モチベーションは自分から湧き出ています。これを「自律的」と呼びます。

　先行研究によれば、統制的なモチベーションよりも自律的なモチベーションのほうが、効果があることがわかっています。例えば、自律的なモチベーションが高いほど、仕事で情緒的に疲弊しにくく、会社に愛着を持って働けます。他方で、統制的なモチベーションが高い場合、情緒的に疲弊しやすい傾向があります[*4]。

　さらには、自律的なモチベーションが高いほど、周囲に自分の持っている知識を共有します。しかし、統制的なモチベーションが高い場合、知識共有を行わないことが明らかになっています[*5]。

エビデンスに基づく解決策

　統制的なモチベーションより自律的なモチベーションを高めることの重要性を確認しました。自律的なモチベーションを高めるために、どのようなアプローチがあるのでしょう。

● 上司による自律性支援
　上司から部下に対して自律性を促す支援があるほど、部下の自律的な

モチベーションは高まります[*6]。自律性を支援されれば自律的なモチベーションが上昇するのは、わかりやすい話です。

とはいえ、ただ上司が部下に支援行動を取ればよいわけではありません。部下が「自分は上司に自律性を支援してもらっている」と感じる必要があります[*7]。

● 会社による自律性支援

先述のとおり、上司からの自律性の支援は有効でした。会社からの自律性の支援も同じく有効です。従業員が「会社から自律性を促すことを支援してもらっている」と感じるほど、自律的なモチベーションは高まります。また、仕事に対するストレスも低くなります[*8]。

このように、自律的なモチベーションを促すのは自律性の支援です。上司や会社が自律性を促さなければ、自律的なモチベーションは高まりません。仕事を思い切って任せたり、余計な指示を減らしたりするなど、工夫を積み重ねていきましょう。

担当者から始める明日への一歩

● 仕事を思い切って任せよう

● マイクロマネジメントに陥らないようにしよう

副作用の可能性とリスクヘッジ

これまでのところでは、自律的なモチベーションは有効である一方、統制的なモチベーションは効果が薄いとしてきました。とはいえ、統制的な

モチベーションが無意味かと言うと、そういうわけではありません。少し違う角度から、統制的なモチベーションの意義を説明しましょう。

　自律的なモチベーションと統制的なモチベーションは、効果の現れ方が異なります。自律的なモチベーションは、パフォーマンスの「質」の向上につながります。対して、統制的なモチベーションは、パフォーマンスの「量」にプラスの影響をもたらします[9]。

モチベーションの種類とそれぞれの長所　　　　　　　　　　　　　　　　　著者作成

モチベーション	得意なアウトプット	得意なタスク
自律的	質	複雑
統制的	量	単純

　統制的なモチベーションはまた、複雑な課題におけるパフォーマンスを下げてしまう一方で、単純な課題におけるパフォーマンスを高めることが検証されています[10]。

　これらを踏まえると、例えば、シンプルに件数をこなすことが重要になるような、量を遂行しなければならないタイプの仕事の場合、自律的なモチベーションよりも、統制的なモチベーションのほうが機能しやすいと考えられます。

　自律的なモチベーション一辺倒になることなく、仕事の内容によって、働きかけるモチベーションを変えるべきでしょう。

課題：従業員のやる気を高めたい

| 原因 | 自律的なモチベーションが低い |

↓

| 組織の対策 | 上司が部下の自律性を支援するようにする
同じく会社が従業員の自律性を支援するようにする |

| 個人の対策 | 部下は上司に対して、自律性を支援する行動を取ってもらえるように働きかける |

↓

| 副作用 | 統制的なモチベーションは、パフォーマンスの量を高める
単純なタスクの場合は、統制的なモチベーションが有効に機能する |

参 考 文 献

* 1　ダイヤモンド・オンライン(2016)「『やる気が出る会社、やる気が出ない会社』に関するアンケート調査」

* 2　Fesaas(2020)「人事担当者へ緊急調査を実施！4割の人事が社員のモチベーションの低下を懸念していた！」

* 3　Gagne, M. and Deci, E. L. (2005). Self-determination theory and work motivation. Journal of Organizational Behavior, 26(4), 331-362.

* 4　Fernet, C., Austin, S. and Vallerand, R. J. (2012). The effects of work motivation on employee exhaustion and commitment: An extension of the JD-R model. Work & Stress, 26(3), 213-229.

* 5　Foss, N. J., Minbaeva, D. B., Pedersen, T., and M. Reinholt, M (2009). Encouraging knowledge sharing among employees: How job design matters. Human Resource Management, 48(9), 871-893.

* 6　Moreau, E. and Mageau, G. A. (2012). The importance of perceived autonomy support for the psychological health and work satisfaction of health professionals: Not only supervisors count, colleagues too!. Motivation and Emotion, 36(3), 268-286.

* 7　Otis, N. and Pelletier, L. G. (2005). A motivational model of daily hassles, physical symptoms, and future work intentions among police officers. Journal of Applied Social Psychology, 35(10), 2193-2214.

* 8　Nie, Y., Chua, B. L., Yeung, A. S., Ryan, R. M., and Chan, W. Y. (2015). The importance of autonomy support and the mediating role of work motivation for well-being: Testing self-determination theory in a Chinese work organisation. International Journal of Psychology, 50(4), 245-255.

* 9　Cerasoli, C. P., Nicklin, J. M., and Ford, M. T. (2014). Intrinsic motivation and extrinsic incentives jointly predict performance: A 40-year meta-analysis. Psychological Bulletin, 140(4), 980-1008.

* 10　Weibel, A., Rost, K., and Osterloh, M. (2007). Crowding-out of intrinsic motivation-opening the black box. Available at SSRN 957770.

19

従業員の自発性を高めたい

よくあるケース

case1 部下が自ら進んで動いてくれず、いつも指示待ちである

case2 「自発的に行動しろ」と命令されて、矛盾を感じる

case3 仕事で困っている同僚がいても、誰も助けようとしない

現実に起きている問題

　従業員に「自発的であってほしい」と考える企業は少なくありません。ところが、ある調査によると、「期待される以上の仕事をしたいか」という問いに対して、「どちらとも言えない」という回答が5割となっています[*1]。企業の思いとは裏腹に、従業員はそこまで自発的ではないと解釈することもできます。

　仕事に対する自発性はワークエンゲージメントとも関連します[*2]。ワークエンゲージメントが高い人ほど、自発性も高い傾向にあります。仕事に熱心に取り組む人ほど、指示や命令がなくとも、自ら仕事に取り組むのです。

　従業員が自発的に行動するために、何が求められるでしょうか。

　自発性という言葉は、どちらかと言えば、「もっと自発的に行動しましょう」「自発性が大事です」など、仕事上の会話の中でも用いられる言葉として定着しています。

　ここでは「組織市民行動」と呼ばれる概念に注目することで、自発性の問題に迫りたいと思います。組織市民行動とは、「組織の有効性に貢献する役割外の自発的な行動」を指します[*3]。平たく言えば、自分の役割ではないけれども会社の役に立つからと積極的に取るのが、組織市民行動です。組織市民行動の定義には、自発性が含まれています。

● 組織市民行動は5つの要素から構成される

　組織市民行動には、5つの構成要素があります。1つ目は「誠実性」です。例えば、

・余分な休憩を取らない
・誰も見ていない時でも、会社の規則に従う
・毎日真面目に仕事している

といった振る舞いを指します。2つ目は「スポーツマンシップ」で、

・些細なことに文句を言わない
・いつもポジティブな面に注目する
・小さなことで騒がない

などの行動が当てはまります。3つ目は「市民的美徳」で、

・必須ではないが重要と思われる会議に出席する

・必須ではないが会社のイメージアップにつながる行事に出席する

・会社の発表やメモなどを読み、把握している

などに当てはまる行動です。4つ目は「礼儀」で、

・他の人とのトラブルを防ごうとする

・自分の行動が他の人に与える影響を考慮している

・他の人の権利を侵害しない

などの行動を含んでいます。5つ目は「利他主義」で、

・負荷の大きい仕事を抱えている人を手伝う

・求められていなくても、新人の適応を手伝う

・仕事上の問題を抱えている人を進んで助ける

といった質問に肯定的に回答できる傾向を指します[*4]。それぞれの要素は生まれつきの資質ではなく、会社の中で変容していくものです。上がることもあれば、下がることもあります。

● 組織市民行動は職務満足を蘇らせた

　組織市民行動の研究は、職務満足の研究と関連づけられることで、大きく発展しました[*5]。仕事や会社に満足していることが、職務満足の意味するところです。

　長年の研究を通じて、職務満足と個人のパフォーマンスは相関しないことがわかっています。仕事や会社に満足しているからがんばれる人もいれば、不満があるからこそなんとかしようと思う人もいるからです。

従来、組織行動論の研究者の多くは、「満足して働くことは大事である」と考えていました。そのため、職務満足がパフォーマンスに強い影響をもたないという結果は衝撃的なものでした。ところが、いくらか時間が経ち、職務満足と組織市民行動の間に関連性があることが見えてきました。組織市民行動の登場によって、職務満足は息を吹き返したのです。

　職務満足は、会社から与えられた役割を遂行することにはつながりにくいけれども、役割外の行動としての組織市民行動にはつながるということです。職務満足の意義を本格的に示した点で、組織市民行動の研究がもたらした発見は大きかったと言えます。

● 組織市民行動はさまざまな効果をもたらす

　組織市民行動がもたらすプラスの影響を見ていきましょう。組織市民行動が高まると、

・離職意思が低くなる
・欠勤率も抑制される

という具合に、ネガティブな心理や行動が抑えられます。加えて、組織市民行動を取る従業員が多くなるほど、

・会社のパフォーマンスが高くなる

という結果も得られています[6]。組織行動論の中では、会社のパフォーマンスとの関係をきちんと検証できている概念は稀です。組織市民行動は非常に重要な行動であることがわかります。「自発性が重要」と実務の中で言われてきたことは、組織市民行動の研究を見る限り、的を射た指摘だと言えます。

エビデンスに基づく解決策

● 組織市民行動が促される仕事の種類がある

組織市民行動は、どう促せばよいのでしょうか。

初めに、組織市民行動を取りやすい仕事の種類があります。「仕事の相互依存性」が高い仕事は、組織市民行動が高くなります[*7]。仕事の相互依存性とは、お互いの仕事が重なり合っている程度を指します。例えば、ある人の仕事が終わらないと自分の仕事も終わらない場合や、密に連絡を取り合わなければ進まないような仕事を指します。

こうした性質の仕事を担う際には、組織市民行動は高くなります。自然と助け合おうという気持ちが芽生える側面と、助け合わなければやっていけない側面の両方があるのでしょう。少し似ているところとして、仕事を通じてお互いのやり取りが多いほど、組織市民行動は高くなるという結果もあります[*8]。

仕事の性質という意味では、仕事の権限が委譲されているほど、組織市民行動は促されます[*9]。微に入り細に入り指示を出されるような、自由裁量の余地がない状態では、自発的な行動は生まれません。

組織市民行動は、仕事上の負担が重かったり（役割過負荷）、仕事の役割が曖昧であったり（役割曖昧性）、複数の役割の間で板挟みになったりしていると（役割葛藤）、抑制されてしまいます[*10]。さらに当然ですが、バーンアウトしていると組織市民行動どころではありません[*11]。

● 上司の役割も鍵を握る

上司の行動も組織市民行動に関係しています。例えば、好き嫌いで賞罰を与える上司のもとにいると、部下の組織市民行動は促されません[*12]。何をすると褒められるか怒られるかわからないため、部下にとっては役割外の行動を取るのがリスキーだからです。

職場を歩き回って、部下の行動を監視するような上司の場合にも、部下は窮屈に感じ、組織市民行動が発揮されにくくなります[*13]。いつも見張られている状態では、部下は組織市民行動を取れません。

担当者から始める明日への一歩

● 周囲と積極的にコミュニケーションを取ろう

● 部下や後輩に対するマイクロマネジメントはやめよう

副作用の可能性とリスクヘッジ

　プラスの側面が多く検証されている組織市民行動ではありますが、批判的な検討も行われています。

● 組織市民行動に対する社会的な圧力が働く

　初めに問題となっているのは、組織市民行動は「本当に自発的な行動か」という点です。「自発的であれ」と明確な命令がなくても、そのように無言の圧力を受けることがあるかもしれません。

　例えば、職場環境の美化のためにゴミを拾っている従業員がいたとします。その従業員は自ら進んでゴミを拾っているのか。それとも「拾わなければならない」という規範があるから、仕方なく拾っているのか。後者のように社会的な圧力が働いている場合、本当の意味で自発的な行動であるとは言えません。

　組織市民行動の中には社会的圧力が働いているものもあるのではないか、と指摘する研究者がいます[*14]。社会的圧力が働いていても、表出する行

動だけを見れば、よいことをしているため、気にする必要はない。そう考える人もいるかもしれません。

　しかし、組織市民行動に対する社会的な圧力があるほど、仕事と家庭の葛藤が大きくなったり、仕事へのストレスが高まったり、離職したいという気持ちが高まったりすることがわかっています[*15]。

　組織市民行動への圧力がある職場では、気が休まりません。余計な仕事を担うことを余儀なくされ、仕事の負荷も増えてしまいます。

　実際に、組織市民行動を取るほど、仕事役割の負荷が高まることは検証されています[*16]。

● 成果を求める環境では出世に響く

　どのような環境でも組織市民行動は有効というわけではありません。例えば、成果が求められる職場では、組織市民行動を取っている人のほうが出世しにくいことが明らかになっています[*17]。成果をもたらす仕事に従事していることが評価される場では、組織市民行動は「余計な」行動です。組織市民行動を取る人は「無駄なことをしている」とマイナス評価を受けてしまい、出世に響きます。組織市民行動は、すべての会社で働く従業員にとって万能薬ではない点を押さえておきましょう。

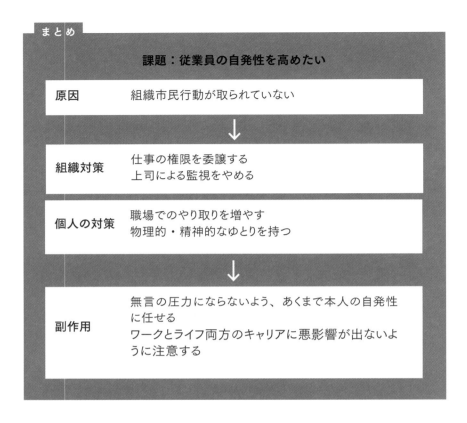

まとめ

課題：従業員の自発性を高めたい

原因	組織市民行動が取られていない

↓

組織対策	仕事の権限を委譲する 上司による監視をやめる

個人の対策	職場でのやり取りを増やす 物理的・精神的なゆとりを持つ

↓

副作用	無言の圧力にならないよう、あくまで本人の自発性に任せる ワークとライフ両方のキャリアに悪影響が出ないように注意する

参 考 文 献

＊1　アデコ（2017）「働く人のエンゲージメントに関する意識調査」

＊2　厚生労働省（2019）『令和元年版　労働経済の分析』

＊3　Organ, D., Podsakoff, P. M., and MacKenzie, S. B. (2006). Organizational Citizenship Behavior: Its Nature, Antecedents, and Consequences. Thousand Oaks, CL: Sage Publications.

＊4　Podsakoff, P. M., MacKenzie, S. B., Moorman, R. H., and Fetter, R. (1990). Transformational leader behaviors and their effects on followers' trust in leader, satisfaction, and organizational citizenship behaviors. The Leadership Quarterly, 1, 107-142.

＊5　Organ, D. W. (1997). Organizational citizenship behavior: It's construct clean-up time. Human Performance, 10(2), 85-97.

＊6　Podsakoff, N. P., Whiting, S. W., Podsakoff, P. M., & Blume, B. D. (2009). Individual-and organizational-level consequences of organizational citizenship behaviors: A meta-analysis. Journal of Applied Psychology, 94(1), 122-141.

＊7　Pearce, J. L. and Gregersen, H. B. (1991). Task interdependence and extrarole behavior: A test of the mediating effects of felt responsibility. Journal of Applied Psychology, 76(6), 838-844.

* 8   Love, M. S. and Forret, M. (2008). Exchange relationships at work: An examination of the relationship between team-member exchange and supervisor reports of organizational citizenship behavior. Journal of Leadership & Organizational Studies, 14(4), 342-352.

* 9   Alge, B. J., Ballinger, G. A., Tangirala, S., and Oakley, J. L. (2006). Information privacy in organizations: Empowering creative and extrarole performance. Journal of Applied Psychology, 91(1), 221-232.

* 10   Eatough, E. M., Chang, C. H., Miloslavic, S. A., and Johnson, R. E. (2011). Relationships of role stressors with organizational citizenship behavior: a meta-analysis. Journal of Applied Psychology, 96(3), 619-632.

* 11   Cropanzano, R., Rupp, D. E., and Byrne, Z. S. (2003). The relationship of emotional exhaustion to work attitudes, job performance, and organizational citizenship behaviors. Journal of Applied Psychology, 88(1), 160-169.

* 12   Organ, D. W., Podsakoff, P. M., and MacKenzie, S. B. (2005). Organizational Citizenship behavior: Its Nature, Antecedents, and Consequences. Sage Publications.

* 13   Niehoff, B. P. and Moorman, R. H. (1993). Justice as a mediator of the relationship between methods of monitoring and organizational citizenship behavior. Academy of Management Journal, 36(3), 527-556.

* 14   Vigoda-Gadot, E. (2006). Compulsory Citizenship Behavior: Theorizing Some Dark Sides of the Good Soldier Syndrome in Organizations. Journal for the Theory of Social Behaviour, 36(1), 77-93.

* 15   Bolino, M. C., Turnley, W. H., Gilstrap, J. B., and Suazo, M. M. (2010). Citizenship under pressure: What's a "good soldier" to do? Journal of Organizational Behavior, 31(6), 835-855.

* 16   Bolino, M. C. and Turnley, W. H. (2005). The personal costs of citizenship behavior: The relationship between individual initiative and role overload, job stress, and work-family conflict. Journal of Applied Psychology, 90(4), 740-748.

* 17   Bergeron, D. M., Shipp, A. J., Rosen, B., and Furst, S. A. (2013). Organizational citizenship behavior and career outcomes: The cost of being a good citizen. Journal of Management, 39(4), 958-984.

20
キャリア自律を促したい

よくあるケース

case1 自分のキャリアを会社に任せてしまっている

case2 忙しくてキャリアのことを考える時間がない

case3 結局、出世することがよいキャリアだと考えている

現実に起きている問題

従業員にキャリア自律を求めている会社はたくさんあります。

例えば、「若手社員（25〜34歳）に対してキャリア自律を求めているか」という質問を投げかけた調査では、8割以上の企業が「求めている」と回答しています[*1]。

国際比較すると、日本は他国より「キャリアを自分で決める」という考え方を持った人が少ない傾向があります。

リクルートワークス研究所が2015年に中国・インド・タイ・アメリカ・日本の5か国を対象に行った調査では、日本をのぞくすべての国において、「キャリアは自分が決める」と回答する人が7割程度に上ります。対して、日本では「キャリアは状況に応じて決まる」と考えている人が半数以上という結果になっています[*2]。

「キャリア自律」という言葉を知っていたかを尋ねる調査もあります。人事担当者は知っている人が多いのですが（64%）、従業員にはあまり知られていませんでした（22%）[*3]。会社はキャリア自律を求めているものの、従業員はその重要性を十分に認識していません。会社と従業員の間にはギャップがあります。

課題を読み解く研究知見

● キャリア・アダプタビリティは4つのCから成り立つ

　キャリア自律について考えるために、「キャリア・アダプタビリティ」という概念を紹介します。キャリア・アダプタビリティとは、変化する仕事や労働条件に対処することを意味します[*4]。

　ただし、この定義は少し抽象的です。そこで、キャリア・アダプタビリティの「4C」と呼ばれる構成要素を取り上げます。「関心」（Concern）、「統制」（Control）、「好奇心」（Curiosity）、「自信」（Confidence）という4つのCが、キャリア・アダプタビリティには含まれます。それぞれの内容は、

関心
・自分の将来がどうなるのかを考える
・将来に向けて準備する
・自分の目標を達成するための計画を立てる

統制
・自分で決断する
・自分の行動に責任を持つ
・自分の信念を貫く

好奇心

・自分が成長する機会を探す

・疑問に思ったことを深く掘り下げる

・自分の周囲を探索する

自信

・有効に仕事をこなす

・自分の能力を最大限に発揮する

・問題が起きても解決する

ということを意味しています[*5]。関心、統制、好奇心、自信を有しているほど、キャリア・アダプタビリティは高く、まさにキャリア自律の状態にあると言えます。

● **キャリアの正解は1つではない**

　キャリア・アダプタビリティという概念が提出されたのには、会社や市場が複雑化・多様化するのに伴い、キャリアも単一のものではなくなったという背景があります。「キャリアの正解はこれ」と一言では言えなくなっているのです。

　多様な会社と市場におけるキャリアの複雑性を捉えるために、キャリア・アダプタビリティという概念は期待を集め、広まっていきました[*6]。

　キャリア・アダプタビリティには、どのような効果があるのでしょうか。仕事や会社に対する満足度とは、あまり関係がないことがわかっています。キャリア・アダプタビリティが高いからといって、仕事や会社に満足するわけではありません。

　一方で、キャリア・アダプタビリティが高いほど、仕事のパフォーマンスは高くなります[*7]。満足度に影響しないものの、パフォーマンスには影

響するのがキャリア・アダプタビリティです。

エビデンスに基づく解決策

キャリア・アダプタビリティの促進要因について解説します。「個人」に関する要因と「職場」に関する要因に分けることができます。それぞれを見ていきましょう。

● 自分や未来にポジティブであることが有効

個人に関する要因について、

・未来を志向している
・希望を感じている
・楽観主義である
・自分を肯定的に評価している

などの特徴を持つ人は、キャリア・アダプタビリティが高い傾向があります。自分自身や将来に対して、基本的にポジティブであることが重要です。

なお、年齢の高さや学歴の高さもキャリア・アダプタビリティの上昇に一役買っています。とはいえ、これらは非常に弱い関係です[*7]。

● 権限や資源を広げるような関わりをする

職場に関する要因については、

・職場の意思決定に参加していること
・上司からの支援が得られていること

がキャリア・アダプタビリティにプラスの効果をもたらします[*8]。これらはいずれも自分の権限や資源を広げるような関わりです。こうした関わりができると、従業員には自身のキャリアを計画・実行できる余地が生まれます。その結果、キャリア・アダプタビリティは高まります。

他方で、少し考えさせられる研究結果もあります。

会社がキャリア開発の研修を実施すると、キャリア・アダプタビリティが下がるという結果です。会社の研修が伝統的なキャリア観に基づいていて、社会の実態に即していない場合はありませんか。そのような場合、研修を実施するほど、キャリア・アダプタビリティにネガティブな作用が働きます[*9]。

皆さんの会社のキャリア開発支援は、古いキャリア観に基づいていないでしょうか。改めてチェックしてみてください。

担当者から始める明日への一歩

- 自分と未来に対して前向きになろう

- 上司にキャリアのことを相談し、支援を引き出そう

副作用の可能性とリスクヘッジ

キャリア・アダプタビリティが高いと、会社に対する愛着が高まり、離職をしようとする気持ちは「下がり」ます。しかし同時に、会社に依存する必要がなくなり、離職をしようとする気持ちが「上がり」ます。

キャリア・アダプタビリティは、「離職」に関して、ポジティブとネガティブの両側面を持っています[*8]。

Theoretical Model with β Coefficients（β係数を用いた理論モデル）

出典：Ito and Brotheridge（2005）*8

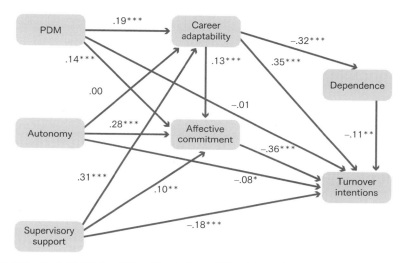

キャリア・アダプタビリティが高いほど、会社への愛着が高まり、離職したい気持ちが下がる。一方で、キャリア・アダプタビリティが高いほど、会社からの独立心が高まり、離職したい気持ちが上がる。

　ポジティブとネガティブのどちらに傾くかは、個々人を取り巻く条件によって変わります。例えば、リストラの告知を出した会社で働く従業員は、キャリア・アダプタビリティが高いほど離職しようとします[10]。リストラが会社の求心力を低下させ、キャリア・アダプタビリティのネガティブな影響が強まります。

　キャリア・アダプタビリティが高まっても、離職したい気持ちを高めさせないためには、上司や同僚からの支援が重要になります。周囲からのサポートがあれば、会社に満足し、サポートに対してお返ししたいと考えるようになります。その結果、従業員は会社にとどまろうとするのです[11]。

まとめ

課題：キャリア自律を促したい

原因	キャリア・アダプタビリティが低い

↓

組織対策	上司からのサポートを強化する 職場の意思決定に参加させる
個人の対策	自分、物事、未来を肯定的に捉える

↓

副作用	他の選択肢を意識するため、離職を促進する 上司や同僚からのサポートがあれば、離職を抑制できる

参 考 文 献

* 1　荒井理江（2014）「企業の姿勢が社員のキャリア自律と働く意欲に及ぼす影響」『RMSmessage』第34巻、19-24頁。
* 2　リクルートワークス研究所（2015）「五カ国マネジャー調査 基本報告書」
* 3　HR総研（2020）「日経リサーチ×HR総研：キャリア自律に関するアンケート 調査結果」
* 4　Super, D. E. and Knasel, E. G. (1981). Career development in adulthood: Some theoretical problems and a possible solution. British Journal of Guidance & Counselling, 9(2), 194-201.
* 5　Savickas, M. L. and Porfeli, E. J. (2012). Career adaptabilities scale: Construction, reliability, and measurement equivalence across 13 countries. Journal of Vocational Behavior, 80(3), 661-673.
* 6　Savickas, M. L. (1997). Career adaptability: An integrative construct for life-span, life-space theory. The Career Development quarterly, 45, 247-259.
* 7　Rudolph, C. W., Lavigne, K. N., and Zacher, H. (2017). Career adaptability: A meta-analysis of relationships with measures of adaptivity, adapting responses, and adaptation results. Journal of Vocational Behavior, 98, 17-34.
* 8　Ito, J. K. and Brotheridge, C. M. (2005). Does supporting employees' career adaptability lead to commitment, turnover, or both? Human Resource Management, 44, 5-19.
* 9　Mei, M., Yang, F., and Tang, M. (2020). Does practice enhance adaptability?: The role of personality trait, supervisor behavior, and career development training. Frontiers in Psychology, 11: 594791.
* 10　Klehe, U. C., Zikic, J., Van Vianen, A. E., and De Pater, I. E. (2011). Career adaptability, turnover and loyalty during organizational downsizing. Journal of Vocational Behavior, 79, 217-229.

* 11 Lee, P. C., Xu, S. T., and Yang, W. (2021). Is career adaptability a double-edged sword?: The impact of work social support and career adaptability on turnover intentions during the COVID-19 pandemic. International Journal of Hospitality Management, 94, 102875.

21
キャリアの停滞を打破したい

現実に起きている問題

　ある調査によると、40代から50代にかけて仕事のパフォーマンスが低下し、50代で底を打つようです。この背景には、キャリアのハシゴを上がるイメージが持てなくなることがあります。

　キャリアの終わりを意識しているかどうかを尋ねると、30代から上昇傾向にあります。同時に、「終わりを意識していない」割合が下がるため、約45歳で「終わりを意識している」人が「意識していない」人を上回ります。

　出世に対する意欲についても、同様の傾向が見られます。出世したいという人が最初は多いのですが、徐々に減っていき、約42歳で逆転します。さらに、その後も出世したいと思わない人は増え続けます[*1]。

　キャリアの停滞感とでも呼ぶべき、こうした状況に対して、どのような対策を講じていけるのでしょうか。学術研究をもとに探ってみましょう。

課題を読み解く研究知見

　キャリアの停滞感への対策を考える上で、役に立つ知見を提供してくれるのは「キャリアプラトー」研究です。キャリアプラトーとは、キャリアが頭打ちになった状態を指します。

　キャリアプラトーは、「階層プラトー」と「内容プラトー」に分けられます。階層プラトーは会社の中で昇進可能性が低い状態を意味します[*2]。内容プラトーは仕事内容に熟練し、成長できる余地が少ない状態です。同じ仕事に数年携わると、仕事をマスターするものです。そうなれば、挑戦感や学習実感が失われます。それが内容プラトーです[*3]。

　階層プラトーも内容プラトーも特殊な人にだけ生じる現象ではありません。誰もがプラトーを経験します[*4]。

　キャリアプラトーに直面すると、成長欲求が低くなります。さらには、仕事や会社に対する満足度や会社への愛着が低下することが報告されています[*5]。できる限り、キャリアプラトーを和らげていきたいものです。

図　キャリアプラトーのイメージ　　　　　　　　　　　著者作成

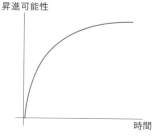

階層プラトー

昇進可能性

時間

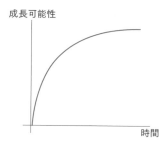

内容プラトー

成長可能性

時間

エビデンスに基づく解決策

　キャリアプラトーを緩和させる要因のうち、働きかけができそうなものを3つピックアップします。

①高い目標を設定して、未来を見る

　キャリアの目標を設定していないほうが、キャリアプラトーに陥る傾向があります[*6]。「○年後に、自分は△△のような人材になりたい」といった目標を立てることが大事です。目線が未来に向いていると、停滞感を覚えにくいのでしょう。

　これと似た原理で、将来の昇進目標が低いほどキャリアプラトーに陥ることがわかっています[*7]。昇進の目標を高めに設定すれば、未来を見続けられます。低い目標は到達しやすい分、到達した時にキャリアプラトーに直面します。例えば、「課長になるのが自分の目標」という人が、いざ課長になったら、停滞感を覚えます。

②上司が部下のキャリア開発に関与する

　上司の役割も、部下のキャリアプラトーを避けるために重要です。

・上司からキャリアに関するフィードバックが得られない
・上司とキャリアに関するディスカッションを行わない

という場合に、部下はキャリアプラトーに陥りやすいことが明らかになっています[*8]。上司が部下のキャリアに気を配り、キャリア開発支援をすることによって、部下のキャリアプラトーは抑えられます。

　上司のこのような行動を促すために、人事にできることがあります。例えば、上司向けのキャリア開発研修を実施しましょう。部下のキャリア開

発を支援するために、まず、上司自身がキャリアと向き合う必要があります。その上で、キャリア開発支援の方法に関する知識を提供するとよいでしょう。必要なスキルを持たないままに、手探りで部下のキャリアを支援するのは大変です。

③退職準備プログラムを設ける

退職準備プログラムがある会社のほうが、キャリアプラトーが抑制されます[*9]。この結果を不思議に思う人もいるかもしれません。しかし、退職準備プログラムがあると、退職後の生活や必要な備えについてイメージをふくらませられます。

これは未来に目を向ける行為です。未来に目を向ければ、現在の停滞感がいくらかましになるのは、既に述べたとおりです。会社の中でこれ以上の出世は望めないとしても、定年後まで見越して、仕事やプライベートの設計を行うことで、現在の仕事の意味合いも変わってきます。

担当者から始める明日への一歩

- 自分のキャリアの目標を考え、定めよう

- 積極的に部下のキャリア相談にのろう

副作用の可能性とリスクヘッジ

● 広義の報酬が得られれば、キャリアプラトーの悪影響が和らぐ

キャリアプラトーは概して、従業員にマイナスの影響を与えます。その一方で、そうはならない条件もあります。

そのことを理解するために、まずはキャリアプラトーがよくない結果を

もたらすメカニズムを見てみましょう。

　キャリアプラトーがマイナスに作用するのは、「自分は会社に対して貢献しているのに、会社は自分に対して何もお返ししてくれていない」という気持ちが湧いてくるからです。従業員は日頃、会社のために仕事に取り組んでいます。その見返りに報酬を得ています。ここで言う報酬は金銭だけではなく、出世や有意義な仕事なども広く含みます。

　キャリアプラトーに陥ると、従業員は自分の貢献に対する報酬が足りていない感覚になります。その結果、さまざまなマイナスの結果が現れます。逆に言えば、「自分は会社から報酬を与えてもらっている」と思えれば、問題は起きにくいのです[*10]。

　例えば、挑戦の多い仕事に取り組んでいると、キャリアプラトーの持つネガティブな影響は軽減されます[*11]。「仕事の報酬は仕事」という言葉もあります。挑戦的な仕事は、従業員の貢献に対する会社からのお礼の1つとして機能します。

　上司から支援を得られている場合も、キャリアプラトーの悪影響が抑えられます[*11]。自分はがんばっているのに上司が何もしてくれないと、理不尽に思えるものです。これは上司からの支援が、従業員の貢献に対する報酬の1つになり得ることを意味します。

　メンターとしての経験があるほうがキャリアプラトーは負の効果を持ちにくいことも明らかになっています[*12]。メンターの役割を得ることで、「自分は会社から重要な役割を与えてもらっている」と感じるからではないでしょうか。

● キャリアプラトーが高まりすぎると、逆に事態は好転する

　キャリアプラトーが高まれば高まるほど、いくらでもネガティブな影響が見られるかと言えば、そうではありません。キャリアプラトーの影響がU字であることを示す研究があります。

つまり、キャリアプラトーが増すと、会社のためになる自発的な役割外行動は減っていきます。前述のとおり、「自分は貢献しているのに、会社は十分な報酬をくれない」という不満を抱くからです。

ところが、キャリアプラトーが一定の水準を超えて大きくなると、「このままではまずい」「なんとかしなければならない」という気持ちが生まれてきます。その結果、会社にとって有益な役割外行動を自ら取るようになります[13]。

まとめ

課題：キャリアの停滞を打破したい	
原因	キャリアプラトーに陥っている

↓

組織の対策	上司が部下のキャリア開発支援を行う 退職準備プログラムを提供する
個人の対策	キャリアの目標を設定する 昇進目標はできる限り高めに持つ

↓

副作用	挑戦的な仕事、メンター経験、周囲サポートがマイナスの影響を緩和する キャリアプラトーが非常に強いと、現状打破を狙うようになる

参 考 文 献

* 1　法政大学大学院石山恒貴研究室・パーソル総合研究所 (2017)「日本で働くミドル・シニアを科学する」
* 2　Ference, T. P., Stoner, J. A., and Warren, E. K. (1977). Managing the career plateau. Academy of Management Review, 2(4), 602-612.

* 3 Bardwick, J. M. (1986). The Plateauing Trap. Bantam Books New York.

* 4 McCleese, C. S., and Eby, L. T. (2006). Reactions to job content plateaus: Examining role ambiguity and hierarchical plateaus as moderators. The Career Development Quarterly, 55(1), 64-76.

* 5 Chay, Y. W., Aryee, S., and Chew, I. (1995). Career plateauing: Reactions and moderators among managerial and professional employees. International Journal of Human Resource Management, 6(1), 61-78.

* 6 山本寛・松下由美子・田中彰子・吉田文子(2012)「看護職のキャリア目標の設定とキャリア・プラトー化との関係：内容的プラトー化との比較の観点から」『産業・組織心理学研究』第25巻2号、147-159頁。

* 7 山本寛(1993)「勤労者の『キャリア目標に対する関与』についての一考察」『応用心理学研究』第18巻、25-35頁。

* 8 Gerpott, T. J. and Domsch, M. (1987). R&D professionals' reactions to the career plateau: Mediating effects of supervisory behaviours and job characteristics. R&D Management, 17(2), 103-118.

* 9 山本寛(1999)「組織の人的資源管理施策と管理職のキャリア・プラトー現象との関係：大企業の課長職を対象として」『日本経営学会誌』第4巻、28-38頁。

* 10 Yang, W. N., Niven, K., and Johnson, S. (2019). Career plateau: A review of 40 years of research. Journal of Vocational Behavior, 110, 286-302.

* 11 Ettington, D. R. (1998). Successful career plateauing. Journal of Vocational Behavior, 52(1), 72-88.

* 12 Lentz, E. and Allen, T. D. (2009). The role of mentoring others in the career plateauing phenomenon. Group & Organization Management, 34, 358-384.

* 13 Song, G. R., Kim, K. S., and Lee, M. W. (2019). The curvilinear relationship between career plateauing and organizational citizenship behavior. Journal of Management & Organization, 25, 914-935.

22

将来への期待や意欲を高めたい

よくあるケース

case1 自分のキャリアの見通しが持てていない

case2 忙しくて将来のことを考える時間がない

case3 10年後の自分の姿について話をすることがない

現実に起きている問題

　皆さんは、将来のキャリアを描けていますか。人事を対象に「キャリア研修対象者がどのような課題を抱えているか」を問う調査が行われています。そこでは、「各人のキャリアの展望の明確化」「能力開発の必要性の認識」「自己のキャリアの強み・弱みの確認」が上位に挙げられました。キャリア展望の不明瞭さに対する、人事の課題意識が現れています[*1]。

　従業員向けの調査でも、「5年後・10年後に実現したい仕事やキャリアへの希望はあるか」という質問に対して、「ある」と回答した人は半数を切ります。キャリアへの希望が「ない」人のほうが多いのです。

　なぜ、キャリア展望が持てないのでしょう。キャリア展望が「ない」と

答えた理由を確認すると、「取り組もうとする気持ちの余裕がない」「時間的余裕がない」「具体的な方法がわからない」といった回答が上位となっています[*2]。従業員が将来を描けるようになるために、どのような取り組みが必要でしょうか。

課題を読み解く研究知見

キャリアへの見通しを描くことに関連する概念として、「キャリア展望」（career prospects）があります。キャリア展望とは、従業員のキャリア開発と昇進の可能性のことで[*3]、より平易に言えば、ある会社でキャリアを形成する見通しを持つことを指します。

167ページで「キャリア・アダプタビリティ」を取り上げましたが、キャリア・アダプタビリティは、会社の枠にこだわらないキャリア形成を含んでいます。対してキャリア展望は、社内でのキャリア形成が強調されています。例えば、皆さんは、

・私は、この会社で、自分のキャリア目標を達成するだろう
・私は、この会社で成長し、発展を遂げるだろう[*4]

と思えていますか。もしそう思えていれば、キャリア展望が高い状態です。

キャリア展望が高いと、仕事に対する態度がポジティブなものになります。例えば、会社や仕事に対する満足度が高まります[*5]。

キャリア展望の高さは、仕事のストレスから来るネガティブな反応も低下させます[*6]。キャリア展望が高い人は、生き生きと働くことができるのです。

エビデンスに基づく解決策

キャリア展望を高める方法を考えていきましょう。ここでは、キャリア展望の向上につながる4つの要因を紹介します。

①会社が支援してくれている感覚

まず、従業員と会社の関係性に焦点を当てます。「会社が自分を支援してくれている」と感じるほど、キャリア展望が高いことが検証されています[*7]。あくまで、従業員が主観的に「会社からの支援」を知覚しなければ意味がありません。制度を準備するだけではなく、それを支援として認識してもらう必要があります。

②昇進の手続きが公正だと思うこと

昇進の手続きが公正なものだと思っているほど、キャリア展望がプラスになります。逆に、「この会社では、女性は男性よりも昇進が遅い」など、ガラスの天井があると感じていると、キャリア展望は下がります[*8]。ガラスの天井は、性別に限りません。どれだけ成果を残しても、年齢が若いと出世に限界がある。こうした年齢によるガラスの天井もまた、キャリア展望を阻害し得ます。

③上司やメンターからの働きかけ

上司やメンターの役割も重要になります。例えば、上司と部下の関係性の質が高いと、キャリア展望は高くなります[*9]。また、次の3つのメンタリング行動がキャリア展望を高めます[*10]。

・職業的支援：社内での成長を促すこと
・心理的支援：自己を確立させるための支援

・ロールモデリング：手本となること

　上司やメンターとのやり取りが豊富であれば、従業員はキャリアに関する多くの情報を得られます。その結果、キャリア展望が高まるのです。

④家庭からの支援

　仕事に関する要因だけではありません。家庭からの支援もキャリア展望を促すことがわかっています[*11]。キャリアは仕事に限定されません。家庭などプライベートも含んでいます。仕事が充実するだけでは不十分で、プライベートも考慮する必要があります。

担当者から始める明日への一歩

● 自分にとってのメンターを作ろう

● 上司との関係構築に努めよう

副作用の可能性とリスクヘッジ

● 知識を隠すなどの打算的な行動を取る

　キャリア展望を高めると、よいことばかりでしょうか。そういうわけではありません。社内で出世をしたい気持ちが強まるあまり、打算的な行動を取る可能性があります。

　例えば、キャリア展望が高い上司は、自分の手柄を大きくしたいがために、部下に知識を与えない傾向があります。また、部下が助けを求めてきても、手を貸すのをためらうことも明らかになっています[*12]。

● 労働組合との心理的距離が生まれる

キャリア展望が高いと、労働組合に加入しようという気持ちが減ります。キャリア展望が高い人は、組合が労働権を保護できたり、経営に意見ができたりすると思いにくくなります[13]。

組合活動との心理的距離が生まれることを副作用と呼ぶべきか、判断が分かれるところです。しかし、そのような傾向があることは知っておいたほうがよいでしょう。

キャリア展望は、基本的にはプラスに作用します。ただ、時にマイナスの側面が顔をのぞかせるかもしれないことを理解しておきましょう。

まとめ

	課題：将来への期待や意欲を高めたい
原因	キャリア展望が低い

↓

組織の対策	従業員に対して、本人が知覚できるほど積極的に支援する 公正感を覚えるような昇進プロセスを作る

個人の対策	上司との関係性の質を高める メンターを作り、仕事や精神面などの支援を受ける 家庭からの支援を得る

↓

副作用	自分のキャリア実現のために、部下に知識を隠す可能性がある 労働組合の活動に対して心理的な距離を取る

参 考 文 献

* 1　HR総研（2016）「『HR総研 人事白書2016』人材育成に関する調査結果」
* 2　企業活力研究所（2018）「経営革新と『稼ぐ力』の向上に向けた仕事とキャリアの管理に関する調査研究」
* 3　Jans, N. A. (1989). Organizational commitment, career factors and career/life stage. Journal of Organizational Behavior, 10(3), 247-266.
* 4　Bedeian, A. G., Kemery, E. R., and Pizzolatto, A. B. (1991). Career commitment and expected utility of present job as predictors of turnover intentions and turnover behavior. Journal of Vocational Behavior, 39, 331-343.
* 5　Ramhit, K. S. (2019). The impact of job description and career prospect on job satisfaction: A quantitative study in Mauritius. SA Journal of Human Resource Management, 17(1), 1-7.
* 6　Zhang, L., Jue, F. U., Benxian, Y. A. O., and Zhang, Y. (2019). Correlations among work stressors, work stress responses, and subjective well-being of civil servants: Empirical evidence from China. Iranian Journal of Public Health, 48(6), 1059-1067.
* 7　Seema, A. and Sujatha, S. (2017). Perceived organisational support on career success: An employee perspective - an empirical study from an Indian context. Middle East Journal of Management, 4(1), 22-38.
* 8　Hwang, M. J. (2007). Asian social workers' perceptions of glass ceiling, organizational fairness and career prospects. Journal of Social Service Research, 33(4), 13-24.
* 9　Yang, X., Guan, Y., Zhang, Y., She, Z., Buchtel, E. E., Mak, M. C. K., and Hu, H. (2020). A relational model of career adaptability and career prospects: The roles of leader-member exchange and agreeableness. Journal of Occupational and Organizational Psychology, 93(2), 405-430.
* 10　Cheng, Z., Han, Y., and Fu, J. (2017). What career benefits can mentoring truly bring for protege?: Evidence from Meta-Analysis. Conference: 2017 International Conference on Management Science and Management Innovation.
* 11　Kosgoda, T. M. and Jayasundara, A. K. C. H. (2019). Impact of intrinsic factors on extended career prospects of women in logistics industry in Sri Lanka. International Conference on Applied Social Statistics 2019, Department of Social Statistics, Faculty of Social Sciences, University of Kelaniya, Sri Lanka.
* 12　Butt, A. S. and Ahmad, A. B. (2019). Are there any antecedents of top-down knowledge hiding in firms?: Evidence from the United Arab Emirates. Journal of Knowledge Management.
* 13　Shan, H., Hu, E., Zhi, L., Zhang, L., and Zhang, M. (2016). Job satisfaction and employee's unionization decision: The mediating effect of perceived union instrumentality. Journal of Industrial Engineering and Management, 9(1), 110-128.

Part 5

組織・文化・人事制度にまつわる処方箋

23
ダイバーシティを推進したい

よくあるケース

case1	男性ばかりの会社で、女性が出世できない
case2	ダイバーシティ推進の制度は整えたが、あまり利用されていない
case3	ダイバーシティ推進をしたことで、社内から反発の声が上がった

現実に起きている問題

　女性活躍推進法の施行もあり、ダイバーシティ推進は、社会的なムーブメントになっています。従業員規模が大きい会社ほど、ダイバーシティ推進を経営方針の中に掲げています。

　他方で、従業員300人未満の会社では、約6割の企業が経営課題として位置づけていません。

　本来、ダイバーシティは、女性に限らず、高齢者や障害者、外国人などを幅広く含みます。しかし、日本では「女性活躍」の文脈でしばしば用いられています。

　実際に、高齢者や障害者については「コンプライアンス上の問題がないように対応」が過半数、高度外国人材やLGBTについては「（施策を）いずれもしていない」という割合が高くなっています。

また、高齢社員については、6割ほどの会社が「今後取り組みを検討したい」と回答しており、高度外国人人材とLGBTについては「特に対応する予定はない」の割合が高くなっています[*1]。

　これらの調査から見えてくる現状があります。ダイバーシティ推進はなされている一方で、対象は主に「女性」に絞られており、企業規模が小さいと力を入れる会社が減ることです。

課題を読み解く研究知見

　ダイバーシティ推進をめぐる課題を読み解くために、「ダイバーシティとは何か」について理解することが求められます。

● ダイバーシティとは属性のばらつき

　ダイバーシティの学術的な定義はシンプルです。ダイバーシティとは「属性のばらつき」のことです[*2]。

　次ページ図（中段「バラエティ」）の右端の状態になるほど、ダイバーシティが高いと言えます。左端は●のみで構成されており、一様です。それに対して、右端はさまざまな記号で構成されており、多様です。

　学術研究では、こうしたダイバーシティの度合いを数値で表現します。参考までに、性別ダイバーシティの程度を算出するための式は、次のとおりです[*3]。この計算式を用いれば、ある会社や職場の中に男性と女性がどの程度の割合で混在しているかを相互に比較可能な形で定量化できます。

$$1 － 男性の割合の2乗＋女性の割合の2乗$$

Pictorial Representation of Types and Amounts of Three Meanings of Within-Unit Diversity（ユニット内のダイバーシティに関する3つの意味の種類と量の図式化）

Harrison and Klein (2007) ＊4

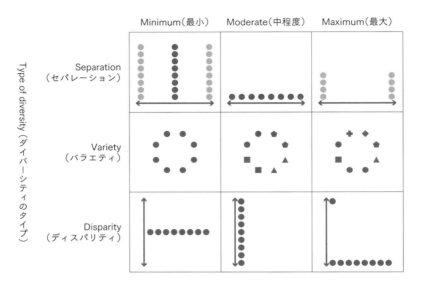

ダイバーシティには、「表層的ダイバーシティ」と「深層的ダイバーシティ」の2つがあります。表層的ダイバーシティは、見た目でわかる違いに基づく多様性です。深層的ダイバーシティは、価値観など必ずしも目に見えないものの多様性を指します。

　日本におけるダイバーシティの議論は、性別に代表されるように、表層的ダイバーシティが中心です。本書でも、表層的ダイバーシティを主に取り上げます。

● ダイバーシティは好影響と悪影響をもたらす

　ダイバーシティが高まると、成果につながるのでしょうか。これは大変

難しい問いです。というのも、この問いをめぐっては2つの立場があり、正反対の結果が提出されているからです[*5]。

　ダイバーシティが高まると悪い影響が出ることを示す研究があります。人は基本的に、自分に類似する人と集団を築こうとします。ダイバーシティが高まると、会社の中で「派閥」のような集団が自然と生まれます。その結果、会社の仕事プロセスは非効率になり、パフォーマンスが低下します。

　他方で、ダイバーシティの高さはよい効果をもたらすという研究もあります。多様な人材がいれば、多様な情報が会社の中に存在することになります。意思決定の質が高まり、環境に対して適応できる可能性が上がります。

　学術研究を頼りにすると、ダイバーシティは簡単に「よいもの」とも「悪いもの」とも断言できない状態にあることがわかります。

エビデンスに基づく解決策

　ダイバーシティの効果をポジティブなものにするか、それとも、ネガティブなものにするか。その分かれ道になるのが、構成比、産業、期間、上司、風土という5つの要因です。

①構成比

　例えば、男性が8人に対して女性が2人など、少数派（この場合は女性）が生まれる人員構成の場合、ダイバーシティはうまく機能しません。少数派に対する固定観念が生まれて、2人の女性の力が発揮できず、全体のパフォーマンスにも悪影響が及ぶからです。

　逆に、男性が5人、女性が5人のチームのように、構成比が同程度であれば、固定観念は出てこず、パフォーマンスによい効果がもたらされます。

しかし、悩ましいのは構成比が同程度になると、属性によるばらつきは小さく、そもそもダイバーシティがほとんどなくなっている点です。純粋な意味で、ダイバーシティによって効果が高まったとは言えません。

②産業

産業によっても、ダイバーシティが与える影響は異なります。例えば、サービス業ではダイバーシティが高いほど、パフォーマンスが向上します。多様な顧客に対応できる意味で、社内のダイバーシティの意義が生まれやすいのでしょう。

一方で、製造業やハイテク産業では、ダイバーシティが高いとパフォーマンスが下がります。製造業やハイテク産業は、どちらかと言うと社内でのコミュニケーションが中心であるため、既述のとおり、派閥に分かれるなど、ダイバーシティがネガティブに働くのです。

③期間

プロジェクトの期間によっても、ダイバーシティが奏功するか差が出ます。長期的なチームの場合、ダイバーシティがマイナスに働きます。長い期間一緒にいると、人間関係のコンフリクトが起こる可能性が出てくるからです[*5]。

他方で、短期間のプロジェクトにおいては、多様な属性の人がいるほうが、色々な情報が集まり、プラスの影響があります。プロジェクトが短期間で終わる場合、目標達成に向けて一気呵成に進んでいくこともあり、お互いの違いにあまり目が向きません。

④上司

アメとムチの関係を超えてメンバーを主導する「変革型リーダーシップ」（→069ページ参照）の高い上司がいると、職場にダイバーシティがあっ

ても、パフォーマンスが上がります。しかし、変革型リーダーシップが低い上司の場合、ダイバーシティが高まるとネガティブな影響が出ます[*6]。

　ダイバーシティが高いと、メンバーがバラバラになり、うまくいかなくなります。ただし、上司に変革型リーダーシップがあれば、メンバーの心理と行動を1つに束ねられるのです。

⑤風土

　職場のメンバーが「ダイバーシティが高いほうがうまくいく」と考えていると、実際にダイバーシティが高くても、よい影響がもたらされます。

　逆に、職場のメンバーがそのように思えていないと、悪影響が出てしまいます[*7]。

　ダイバーシティを肯定的に受け取る風土があれば、ダイバーシティが生み出す悪影響を緩和できることも明らかになっています[*8]。このように風土は、ダイバーシティの効果の善し悪しを分ける要因です。

担 当 者 か ら 始 め る 明 日 へ の 一 歩

● ダイバーシティの高いチームには、優秀な上司をつけよう

● ダイバーシティは成果をもたらすという認識を広げよう

副作用の可能性とリスクヘッジ

　ダイバーシティは社会的に重要な課題であり、各社が取り組むべきものでしょう。その一方で、ダイバーシティ推進をしていくことで、新たな問題が起こる可能性があります。学術研究の中で指摘されている、新たな問題の可能性を紹介します。

● マイノリティの価値が貶（おとし）められる

　ダイバーシティ推進の取り組みが、マイノリティ（少数派）に対する評価を下げることがあります。マイノリティを支援することで、「彼ら彼女らは支援しないとダメな存在だ」という印象が生まれる可能性があります。マイノリティ自身も、「自分たちは支援を受けなければ、やっていけない」と感じ、自分に対する評価を下げてしまうことがあります[*9]。

● マイノリティの人数が減る

　ダイバーシティ推進の取り組みをしっかり行っているほうが、マイノリティの人数が減るという皮肉な傾向も指摘されています[*10]。多くの支援リソースを必要とするマイノリティの採用を控えることに加え、マイノリティ自身も支援を受けることで逆に会社に居づらくなるのです。

● マジョリティが脅威を感じる

　マジョリティ（多数派）に、マイナスの影響が生じる場合もあります。

　例えば、ダイバーシティを推奨するメッセージを発する会社に対して、マジョリティは脅威を感じます。「マイノリティに優位な評価がなされるのでは」など、マジョリティの自分が不公正な扱いを受けることを懸念します。

　ある研究において、面接に際して「この会社はダイバーシティを推進し

ている」という情報を伝えると、マジョリティは緊張して心拍数が上がり、本来の力を発揮できませんでした。面接における印象もよくないという結果になりました[*11]。

　ダイバーシティ推進の社会的な重要性は揺るぎないものです。しかし、会社の中でダイバーシティを推進していこうとすると、さまざまな問題点が生まれる可能性があります。これらの点について対策を練った上でダイバーシティ推進を進めていかなければ、ダイバーシティ推進が会社運営を傷つけるかもしれません。

まとめ

課題：ダイバーシティを推進したい	
原因	ダイバーシティが好影響につながっていない

↓

組織対策	職場における属性の構成比を同等にする 短期的な課題に取り組むチームでダイバーシティを高める
個人の対策	変革型リーダーシップを発揮する ダイバーシティが効果を生み出すと信じる

↓

副作用	マイノリティの価値が貶められたり、人数が減ったりする マジョリティが脅威に感じることもある

参 考 文 献

* 1 三菱UFJリサーチ&コンサルティング（2017）「企業におけるダイバーシティ推進に関するアンケート調査」

* 2 Jackson, S. E., Joshi, A., and Erhardt, N. L. (2003). Recent research on team and organizational diversity: SWOT analysis and implications. Journal of Management, 29, 801-830.

* 3 Blau, P. M. (1977). Inequality and Heterogeneity: A Primitive Theory of Social Structure. New York Free Press.

* 4 Harrison, D. A. and Klein, K. J. (2007). What's the difference?: Diversity constructs as separation, variety, or disparity in organizations. Academy of Management Review, 32, 1199-1228.

* 5 Joshi, A. and Roh, H. (2009). The role of context in work team diversity research: A meta-analytic review. Academy of Management Journal, 52, 599-627.

* 6 Kearney, E. and Gebert, D. (2009). Managing diversity and enhancing team outcomes: The promise of transformational leadership. Journal of Applied Psychology, 94(1), 77-89.

* 7 Homan, A. C., van Knippenberg, D., Van Kleef, G. A., and De Dreu, C. K. W. (2005). Managing group diversity beliefs to increase performance in diverse teams: Promoting diversity helps!. Working Paper, Leiden University, the Netherlands.

* 8 Gonzalez, J. A. and Denisi, A. S. (2009). Cross-level effects of demography and diversity climate on organizational attachment and firm effectiveness. Journal of Organizational Behavior: The International Journal of Industrial, Occupational and Organizational Psychology and Behavior, 30(1), 21-40.

* 9 Leslie, L. M. (2019). Diversity initiative effectiveness: A typological theory of unintended consequences. Academy of Management Review, 44(3), 538-563.

* 10 Kalev, A., Dobbin, F., and Kelly, E. (2006). Best practices or best guesses?: Assessing the efficacy of corporate affirmative action and diversity policies. American Sociological Review, 71(4), 589-617.

* 11 Dover, T. L., Major, B., and Kaiser, C. R. (2016). Members of high-status groups are threatened by pro-diversity organizational messages. Journal of Experimental Social Psychology, 62, 58-67.

24

適材適所の配置を
実現したい

現実に起きている問題

よく「適材適所が必要だ」と言われます。個人の能力やキャリア、仕事の性質など、さまざまな点を考慮して、人員の配置を行っている会社もあるでしょう。その一方で、リクルートマネジメントソリューションズが2018年に発表した調査では、今の仕事が自分に「とても合っている」と回答した人はわずか8.5％でした。「合っている」と回答した人を含めても、3割程度にとどまります。

少なくとも従業員から見て、適材適所が実現しているとは言えません。適材適所の障害となっているものは何でしょうか。例えば、次の要因が挙げられています。

・人事異動が会社の要請で決まる

・個人の意思を反映できる制度がない

・異動の希望を出しても、実現されない*1

　近年は、自己申告形式の異動制度も増えています。しかし、実質的には機能していなかったり、一部しか要望が通らなかったりすることも珍しくありません。適材適所について、より直接的に尋ねた調査もあります。

　リクルートワークス研究所が2017年に発表した調査結果では、自社において適材適所の人材配置ができているかどうかを1〜5点で採点する質問に対して「5点」と回答した企業はわずか3％でした。4点が26.4％、3点が50.8％と続きます*2。ここでも、適材適所の実現が不十分である様子がうかがえます。

課題を読み解く研究知見

　適材適所の問題を紐解く際に役立つのは、「P-Eフィット」（person-environment fit）という概念です。P-Eフィットは、個人と環境の間の適合性を意味します*3。P-Eフィットにおける環境（environment）には、上司、チーム、会社など多様な要素が含まれます。具体的には、次の質問にYESと回答できる場合には、P-Eフィットが高いと言えます。

・あなたの専門的な能力と、仕事で求められるものは、一致していますか

・あなたの性格と仕事で求められているものは、一致していますか

・現在の仕事の特徴と、あなたが仕事に求めるものは一致していますか*4

　P-Eフィットと一口に言っても、3つの種類があることが指摘されています。

- supplementary fit：個人と環境がお互いに類似した特徴を持つ度合い
    例）穏やかな性格の人に対して、穏やかな社風の職場
- needs-supplies fit：個人の欲求を環境が充足する度合い
    例）成長を望んでいる人に対して、難しい仕事を与えられる職場
- demands-abilities fit：環境が求める能力を個人が持つ度合い[*3]
    例）データ分析の技術が求められる仕事に対して、その技術を持つ人

　P-Eフィットが高いほど、仕事への満足度、会社への愛着、仕事のパフォーマンスが高い傾向があります。さらには、離職したいという気持ちやストレスが低くなるという効果も生まれます[*5]。P-Eフィットは、その重要性が検証されているのです。

エビデンスに基づく解決策

　P-Eフィットを高めるには、どうすればよいのでしょうか。P-Eフィットの要因に関する研究を、3つの観点から紹介します。

①性格による違い

　例えば、外向性が高い人は、クライアントや会社のメンバーとのやり取りがある仕事であるほどフィット感を得ます。一方で、外向性が低い場合、そうした特徴を持つ仕事に従事していても、P-Eフィットをあまり感じません[*6]。

　この研究は、個人の性格によってP-Eフィットを感じる仕事が異なることを示唆しています。会社における適材適所を実現する上で、個々人の性格を考慮する必要があります。

②ジョブ・クラフティング

ジョブ・クラフティングとは、仕事における創意工夫を意味します（詳細は320ページを参照）。学術研究の中では、ジョブ・クラフティングを行うほど、P-Eフィットが高まることが明らかになっています[*7]。

自分で仕事を作り変え、周囲と調整すれば、自分と環境のフィット感が高まるのは納得がいきます。言い換えれば、積極的にフィットを作り出す行動がジョブ・クラフティングです。

③上司との関係性

上司との関係性がよい場合、P-Eフィットが高いほど仕事のパフォーマンスが高くなります。他方で、上司との関係性がよくない場合、P-Eフィットはパフォーマンスと関連しません[*8]。

部下が単独で環境にフィットしていたとしても、上司と良好な関係を築いていなければ、仕事の成果にはつながらないのです。上司との関係性についても考慮に入れる必要があります。

担当者から始める明日への一歩

● 性格に合った仕事を提供しよう

● 仕事や周囲との関係を変えるといった工夫をしよう

副作用の可能性とリスクヘッジ

● 高すぎるP-Eフィットは問題を生み出す

P-Eフィットが高いと、すなわち、環境に適合していると、会社に対する忠誠心が高まります。ちょうどよい高さのP-Eフィットであれば、何ら問題ありません。

しかし、P-Eフィットが高くなりすぎ、それに応じて忠誠心も過度に高くなると問題が生じます。会社の利益を守るため金銭を払って不正に入札情報を得たり、売上に苦しむ会社の粉飾決算に加担したりするなどの、非倫理的行動を取る可能性が出てくるのです[*9]。忠誠心の強さゆえに、会社のために社会的な倫理を踏み外しかねないということです。

● 同質性が高まる可能性がある

P-Eフィットは離職をしたい気持ちを抑えることを述べました。それは裏を返せば、P-Eフィットが低いと、その環境を離れる傾向があるということです。

「自分はここには合っていない」と感じる人が辞めていくと、P-Eフィットが高い人が会社に残されます[*10]。長期的に見ると、同質性の高い会社になっていくため、注意が必要です。

● 危険をおかすようになる

P-Eフィットが高いと、ある程度までは、危険をおかす行動が低下します。しかし、P-Eフィットが高まりすぎると、今度は、危険をおかすようになります。すなわち、P-EフィットとリスクテイキングはU字の関係にあります。（→次ページ図）この傾向はアメリカ、日本、中国で一貫しています[*11]。フィット感が高すぎると自信過剰になり、無茶をしてしまうからではないでしょうか。

P-Eフィットとリスクテイキングの関係のイメージ

出典：著者作成

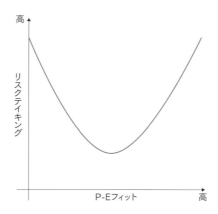

まとめ

課題：適材適所の配置を実現したい

原因	P-E フィットが低い

↓

組織の対策	個々人の性格を考慮して、仕事を割り振る

個人の対策	仕事や周囲との関係性について工夫を凝らす 上司と良好な関係を作るように心がける

↓

副作用	忠誠心の高さゆえに非倫理的行動につながる 危険な行動を取ったり、同質性が高まるなどの問題 も起こる

参 考 文 献

* 1 リクルートマネジメントソリューションズ(2018)「職場での『適材適所』に関する実態調査」

* 2 リクルートワークス研究所(2018)『Works人材マネジメント調査2017 基本報告書』

* 3 Edwards, J. R. and Shipp, A. J. (2007). The relationship between person-environment fit and outcomes: An integrative theoretical framework. In C. Ostroff and T. A. Judge (Eds.), Perspectives on Organizational Fit. Lawrence Erlbaum Associates Publishers.

* 4 Chuang, A., Shen, C. T., and Judge, T. A. (2016). Development of a multidimensional instrument of person-environment fit: The perceived person-environment fit scale (PPEFS). Applied Psychology, 65, 66-98.

* 5 Kristof-Brown, A. L., Zimmerman, R. D., and Johnson, E. C. (2005). Consequences of individual's fit at work: A meta-analysis of person-job, person-organization, person-group, and person-supervisor fit. Personnel Psychology, 58(2), 281-342.

* 6 Ehrhart, K. H. (2006). Job characteristic beliefs and personality as antecedents of subjective person-job fit. Journal of Business and Psychology, 21(2), 193-226.

* 7 Tims, M., Derks, D., and Bakker, A. B. (2016). Job crafting and its relationships with person-job fit and meaningfulness: A three-wave study. Journal of Vocational Behavior, 92, 44-53.

* 8 Kim, T. Y., Aryee, S., Loi, R., and Kim, S. P. (2013). Person-organization fit and employee outcomes: Test of a social exchange model. The International Journal of Human Resource Management, 24(19), 3719-3737.

* 9 Parson, C. C. (2016). Value congruence and unethical decision-making: The dark side of person-organization fit (Doctoral dissertation). CUNY Academic Works.

* 10 Schneider, B. (1987). The people make the place. Personnel Psychology, 40(3), 437-453.

* 11 Astakhova, M. N., Beal, B. D., Schriesheim, C. A., and Camp, K. M. (2015). The dark side of job fit: A three-country study of the fit-risk taking propensity relationship. Academy of Management Proceedings (Vol. 2015, No.1). Briarcliff Manor, NY 10510: Academy of Management.

25

会社への帰属意識を
醸成したい

よくあるケース

case1	会社のためにがんばろうとする従業員が少ない
case2	会社が好きではなく、ずっと居続けようとは思っていない
case3	この会社に入ったことを後悔している人が周囲にいる

現実に起きている問題

　会社への「帰属意識」の低さを、自社の課題として挙げる人事担当者は少なくありません。ある調査では、「もう一度就職することがあれば、同じ会社に入る」「友人に、この会社がすばらしい働き場所であると言える」などの質問に対して、「そう思わない」「どちらとも言えない」という回答が過半数を占める結果となっています[*1]。

　同じ調査の中では、「この会社の問題があたかも自分自身の問題であるかのように感じる」「私は自分自身をこの会社の一部であると感じる」という質問も投げかけられていますが、やはり否定的な回答が一定割合で存在しています。従業員の会社に対する帰属意識は高いとは言えません。

2020年から、新型コロナウイルス感染症の拡大の影響でテレワークを導入する企業が増えています。働き方が変わったことによって帰属意識は変わったのでしょうか。そうでもないようです。ある調査によれば、会社への帰属意識は「変わらない」と回答する人が70.4％に上っています[*2]。

　会社への帰属意識を高めるには、どうすればよいのでしょうか。ここでは、この課題について検討します。

課題を読み解く研究知見

　従業員の低い帰属意識という課題を考える上で役に立つのは、「組織コミットメント」という概念です。組織コミットメントは、「特定の組織への同一化と没入」と定義されています[*3]。要するに、組織に対して愛着を持っていることです[*4]。例えば、

・この会社の問題が自分の問題のように感じられる
・この会社に愛着を持っている
・この会社は、私にとって大きな意味を持っている

といった項目に「YES」と答えられるほど、組織コミットメントは高いと言えます[*5]。

● 組織コミットメントが高いと会社に貢献し続ける

　組織コミットメントが高いと、その会社に所属し続ける傾向があり、時間どおりに出社もします[*6]。また、会社にとって有益な役割外行動を自発的に取ることも明らかになっています[*7]。会社に愛着があると、会社にしっかり貢献し続けようと考えるのです。

　他方で、組織コミットメントとパフォーマンスの関係は少し複雑です。

入社して経験をあまり積んでいないキャリア初期は、組織コミットメント が高くても能力が発揮しにくいものです。そのため、組織コミットメント はパフォーマンスにつながりにくいと検証されています。しかし、キャリ ア後期の、仕事にすっかり慣れた段階では、仕事のパフォーマンスを高め る効果が強くなります[8]。組織コミットメントの高さがパフォーマンスに 還元されるには、一定の経験が必要です。

エビデンスに基づく解決策

　従業員の組織コミットメントを高めるには、どうすればよいのでしょう。 学術研究を頼りにすると、

・会社からの支援が得られている
・会社に対する公正感を覚えている
・上司が変革型リーダーシップを発揮している

ほど、組織コミットメントが高いことがわかっています。従業員が働きや すいように、公正感を覚えるように環境や制度を整える会社や、交換関係 を超えて強く動機づける上司の存在が、組織コミットメントにとって重要 です。

　同僚や上司への愛着も、組織コミットメントを高める上で有効に機能 します[9,10]。職場における周囲との関係性をよくすることが、会社との関 係性をよくすることにつながります。

　また、影響はそこまで大きくありませんが、年齢や勤続年数の長さに よって組織コミットメントが高まることも指摘されています[11]。年齢や 勤続年数が長くなれば、「自分はこの会社に尽くしてきた」と考えるもの です。そのような状態で「自分は会社に愛着を持っていない」とするのは、

自身を否定することにもなります。自己肯定のために、組織コミットメントが高くなりやすいのでしょう。

仕事の内容で言うと、自律性が高く、挑戦的で、範囲が広い仕事についているほど、組織コミットメントは高い傾向があります[*12]。

組織コミットメントの観点からすれば、難易度が高く、自由な仕事のほうがよいのです。

担当者から始める明日への一歩

● 上司や同僚との関係性を深めよう

● 挑戦しがいがあり、自由裁量のある仕事を求めよう

副作用の可能性とリスクヘッジ

● 従業員個人に対して悪影響が出る

組織コミットメントがさまざまな効果を生み出すことは、既に述べたとおりです。しかし、組織コミットメントが高まりすぎると、新しい物事を実行しにくくなります[*13]。というのも、組織コミットメントの高さは、「現在」の会社への愛着を意味します。そのため、「この、愛着を持っている会社を変えたくない」という現状維持の力が働くのです。

組織コミットメントが高いと、「自分」のことより「会社」のことを優先する傾向が強まります。その結果、自分の成長をないがしろにしたり、家庭に悪影響を与えたりすることが指摘されています。会社の価値観が、従業員の人生の中心を占めるようになり、従業員はプライベートを充実させるためのエネルギーが残されていない状態になってしまいます。

これらを踏まえれば、従業員の組織コミットメントを高めるだけでなく、ワークライフバランスを推進する働きかけも同時に行いたいところです。

例えば、育休制度の充実や育休から戻ってきた際のサポート、時短勤務制度など、「ライフ」を充実させるための支援が有効です。家庭支援施策を会社が打ち出すと、良質な状態で組織コミットメントの高さを維持できます[*14]。

● 会社レベルでも悪影響が出る

　高い組織コミットメントがもたらす問題は、従業員だけに現れるわけではありません。会社レベルでも現れます。

　組織コミットメントが高いほど離職しにくいことは、先ほど紹介しました。例えば、十分なパフォーマンスを発揮しないなど、会社にとってふさわしくない人材も残り続けることになります[*13]。いわゆる「ぶら下がり」の問題が生まれます。

　さらに、組織コミットメントが高いと、場合によっては、「社会」の倫理より「会社」の規範が重視されます。そのため、非倫理的行動を取るリスクも高まります。このように組織コミットメントが高いと、会社にとって損害がもたらされる可能性もあるのです。

課題：会社への帰属意識を醸成したい

原因	組織コミットメントが低い

↓

組織対策	従業員をサポートする 公正感を覚える制度にする 自律的かつ困難で広範囲な仕事を提供する
個人の対策	上司や同僚と良好な関係を構築する

↓

副作用	現状維持や非倫理的行為に向かう恐れがあるため、高めすぎない プライベートを犠牲にし得るため、家庭支援施策などを講じる

参 考 文 献

＊1　情報処理推進機構（2013）「従業員の組織帰属意識等に関する調査」

＊2　パーソル総研（2020）「新型コロナウイルス対策によるテレワークへの影響に関する緊急調査」

＊3　Mowday, R. T., Steers, R. M., and Porter, L. W. (1979). The measurement of organizational commitment. Journal of Vocational Behavior, 14(2), 224-247.

＊4　今回は組織コミットメントの中でも情緒的コミットメントを特に取り上げている。

＊5　Allen, N. J. and Meyer, J. P. (1990). The measurement and antecedents of affective, continuance and normative commitment to the organization. Journal of Occupational Psychology, 63(1), 1-18.

＊6　Randall, D. M. (1990). The consequences of organizational commitment: Methodological investigation. Journal of Organizational Behavior, 11(5), 361-378.

＊7　Morrison, E. W. (1994). Role definitions and organizational citizenship behavior: The importance of the employee's perspective. Academy of Management Journal, 37(6), 1543-1567.

＊8　Cohen, A. (1991). Career stage as a moderator of the relationships between organizational commitment and its outcomes: A meta-analysis. Journal of Occupational Psychology, 64(3), 253-268.

＊9　Yoon, J., Baker, M. R., and Ko, J. W. (1994). Interpersonal attachment and organizational commitment: Subgroup hypothesis revisited. Human Relations, 47(3), 329-351.

＊10　Hunt, S. D. and Morgan, R. M. (1994). Organizational commitment: One of many commitments or key mediating construct?. Academy of Management Journal, 37(6), 1568-1587.

*11 Meyer, J. P., Stanley, D. J., Herscovitch, L., and Topolnytsky, L. (2002). Affective, continuance, and normative commitment to the organization: A meta-analysis of antecedents, correlates, and consequences. Journal of Vocational Behavior, 61, 20-52.

*12 Mathieu, J. E. and Zajac, D. M. (1990). A review and meta-analysis of the antecedents, correlates, and consequences of organizational commitment. Psychological Bulletin, 108(2), 171-194.

*13 Randall, D. M. (1987). Commitment and the organization: The organization man revisited. Academy of Management Review, 12(3), 460-471.

*14 Butts, M. M., Casper, W. J., and Yang, T. S. (2013). How important are work-family support policies? A meta-analytic investigation of their effects on employee outcomes. Journal of Applied Psychology, 98, 1-25.

26

経営理念を浸透させて
いきたい

よくあるケース

case1 経営理念が絵に描いた餅になっている

case2 従業員が自社らしさを感じながら働いていない

case3 会社のことを批判されても、平気な顔の従業員が多い

現実に起きている問題

　ミッション、ビジョン、バリュー、社是、行動指針、パーパスなど、会社が重視する価値観をまとめたものを、経営理念と呼びます。経営理念は9割以上の会社で掲げられています[*1]。

　とはいえ、経営理念は存在するだけでは意味がありません。従業員への理念浸透が必要だと考えている人は85％います。しかし、浸透のために具体的な施策を「講じている」「やや講じている」のは、66％にとどまります。

　「施策を講じている」と回答した会社の取り組みに注目してみましょう。多いのは、理念を解説したパンフレット・カードの配布、わかりやすい表

現での明文化、マネジャー・一般職を対象にした企業理念教育などです[*2]。いずれも、間接的な施策です。

　経営理念の浸透については、多くの会社で必要性を感じているものの、十分とは言えません。理念浸透のために、何をすればよいのでしょうか。

課題を読み解く研究知見

　経営理念の浸透について検討する上で役立つのが、「組織アイデンティティ」という概念です。組織アイデンティティは、「従業員が自分の所属する会社に対して知覚する、中核的、識別的、連続的な特徴」と定義されています[*3]。「中核性」「識別性」「連続性」という3つの特徴を持つのが、組織アイデンティティです。それぞれの意味合いですが、

- **中核性**：会社の本質を表す特徴
- **識別性**：他の会社と区別できる特徴
- **連続性**：安定して継続している特徴

を指します。

　組織アイデンティティと似ている概念として、「組織イメージ」があります。組織イメージは、社外の人が「自分の会社のことをどう思っているか」を表しています。対して、組織アイデンティティは、「社外の人は、こう思っているだろう」と従業員が認識するものを意味します[*4]。組織イメージの主体は社外の人ですが、組織アイデンティティの主体は従業員です。組織アイデンティティが高い、すなわち、これらの特徴を認識している従業員は、

- 自分の会社を批判されると、侮辱されたように思う

・自分の会社のことを会社名ではなく、「うちの会社」と言う

・自分の会社の成功は、私の成功でもある

などと感じます[*5]。

　組織アイデンティティが高いほど、会社に一体感が出ます[*6]。また、組織アイデンティティが高い人ほど、会社にとって有益な役割外行動を取ることがわかっています[*7]。

エビデンスに基づく解決策

　組織アイデンティティを形成するためには、従業員に対して、その会社の特徴を伝える必要があります。例えば、創業者の価値観や、過去の経験、会社で語られている物語などが、特徴を考えるヒントになります[*8]。それらの情報を従業員と共有していきましょう。

　社外の人から会社の代表として扱われることも、従業員の組織アイデンティティを高めます[*9]。会社を背負って交渉したり、会社の名で営業したりすることなどが、例として挙げられます。

　他社の存在も組織アイデンティティを高めます。他社のビジネスモデルや実態を知ることによって、「お手本にしよう」と考えたり、「ここは、うちとは異なる」と区別したりします[*10]。こうした思考プロセスを通じて、自社の特徴を理解し、組織アイデンティティが高まります。

担当者から始める明日への一歩

● 自社の創業者の価値観に触れよう

● 自社で語り継がれている出来事について調べよう

副作用の可能性とリスクヘッジ

　組織アイデンティティが高まると、よいことばかり起きるわけではありません。現在の会社との一体感が強くなりすぎて、現状維持の力が働きます。その結果、変化に抵抗したり、異質な意見を切り捨てたりするなどのリスクが生まれます[*11]。

　実際に、組織アイデンティティは強すぎても弱すぎても会社のパフォーマンスが低いことが検証されています。

　組織アイデンティティが弱すぎる場合、会社としての一体感が得られないため、パフォーマンスが下がります。

　逆に強すぎる場合は、環境の変化に適応できず、パフォーマンスが落ちてしまいます。

　ただし、組織アイデンティティが強くなったとしても、従業員が会社の意思決定に参加できていれば、パフォーマンスは下がりません。従業員が意思決定に参加していると、変革に対して当事者意識を持つようになります。変化への抵抗感が弱まり、環境の変化にもついていくことができます。

　意思決定への参加は、現状維持がもたらすネガティブな影響を小さくするのです[*12]。

課題：経営理念を浸透させていきたい

原因	組織アイデンティティが低い

↓

組織対策	会社の経験や物語を整理し、従業員に提供する 創業者の価値観を言語化し、伝承していく

個人の対策	会社を代表しなければならない機会を持つ 他社と自社の共通点と相違点を意識する

↓

副作用	組織アイデンティティが高まりすぎると、変化に抵抗 し、新しいものを拒絶する 意思決定への参加を確保することが大事

参 考 文 献

＊1　労務行政研究所（2016）「経営理念の策定・浸透に関するアンケート」

＊2　HRプロ総研（2013）「企業理念浸透に関するアンケート調査」

＊3　Albert, S. and Whetten, D. A. (1985). Organizational identity. Research in Organizational Behavior, 7, 263-295.

＊4　Dutton, J. E. and Dukerich, J. M. (1991). Keeping an eye on the mirror: Image and identity in organizational adaptation. Academy of Management Journal, 34(3), 517-554.

＊5　Mael, F. and Ashforth, B. E. (1992). Alumni and their alma mater: A partial test of the reformulated model of organizational identification. Journal of Organizational Behavior, 13(2), 103-123.

＊6　Elsbach, K. D. and Kramer, R. M. (1996). Members' responses to organizational identity threats: Encountering and countering the Business Week rankings. Administrative Science Quarterly, 41(3), 442-476.

＊7　Dukerich, J. M., Golden, B. R., and Shortell, S. M. (2002). Beauty is in the eye of the beholder: The impact of organizational identification, identity, and image on the cooperative behaviors of physicians. Administrative Science Quarterly, 47(3), 507-533.

＊8　Gioia, D. A., Patvardhan, S. D., Hamilton, A. L., and Corley, K. G. (2013). Organizational identity formation and change. Academy of Management Annals, 7(1), 123-193.

＊9　Cheney, G. and Christensen, L. T. (2001). Organizational identity: Linkages between internal and external communication. The New Handbook of Organizational Communication: Advances in Theory, Research, and Methods, 231-269.

* 10 Kroezen, J. J. and Heugens, P. P. M. A. R. (2012). Organizational identity formation: Processes of identity imprinting and enactment in the Dutch microbrewing landscape. Constructing Identity in and around Organizations, 2, 89-127.

* 11 Jeyavelu, S. (2007). The dark side of organizational identity. Paper submitted to the International Marketing Conference on Marketing & Society, 2007.

* 12 Batra, S. and Sharma, S. (2017). Stronger may not be better: Organizational identity strength and performance of Indian SMEs. Asia Pacific Journal of Human Resources, 55, 234-254.

27

失敗から学べる会社を作りたい

よくあるケース

case1 担当者が変わったら、同じ失敗を繰り返してしまう

case2 似たような失敗が、会社のあちこちで起きている

case3 成功事例ばかりを取り上げて、失敗にはフタをしている

現実に起きている問題

　当たり前の話ですが、仕事はうまくいくことばかりではありません。小さなものから大きなものまで、失敗がつきものです。例えば、IT業界を対象にした調査によると、「期限どおりに、予算内で、満足のいく結果が得られた」プロジェクトは、全体の3割程度にとどまるそうです[*1]。残り7割程度は、何かしらの失敗を含んでいます。多くの場合、失敗は一度きりでは終わりません。ある調査によると、システム開発のプロジェクトでは9割程度が納期に間に合わないなど、同じような失敗を繰り返しています[*2]。

　ここで挙げたのは、いずれもIT業界の例ですが、他の業界でも同様に、失敗は身近で、なおかつ何度も起こり得るものです。

課題を読み解く研究知見

　失敗の繰り返しを防ぐために有効な知見を提供してくれるのは、「組織学習」です。組織学習とは「過去の情報からの推論をルーティンに成文化するプロセス」のことです[*3]。組織学習は、

・知識獲得：会社が知識を得る
・情報分配：会社の中で情報を共有する
・情報解釈：会社の中で情報を読み解く
・組織記憶：会社の記憶として定着する[*4]

という4つのステップで進みます。組織学習をきちんと進められれば、会社は失敗を繰り返さないようにできます。

　組織学習が行われている環境は、従業員にとってもよいものです。例えば、会社に対する愛着や仕事に対する満足度、さらには、仕事のパフォーマンスが高まることもわかっています[*5]。

エビデンスに基づく解決策

● 組織学習には2つのパターンがある

　組織学習には深度があります。深度によって「シングルループ学習」と「ダブルループ学習」という2つの種類に分けられます。

①シングルループ学習

　シングルループ学習においては、会社で発生した問題を解決したり、新たな知識を得たりする学習です。例えば、

・仕事に関する知識を得る努力をしている

・問題意識を持って取り組み、改善している

・日々の仕事を消化するだけにはなっていない

といった項目にYESと答えられるなら、シングルループ学習を行っていると言えます。

②ダブルループ学習

　ダブルループ学習は、さらに踏み込みます。既存の価値観や規範の矛盾を察知し、それらを是正することを含みます[6]。

・会社での役割や仕事の目標を変えようとしている

・よりよい仕事のためなら、周りと違う行動をしても構わない

・前例と異なる方法でも、会社のためなら上司に進言する

といった行動を取っている場合、ダブルループ学習に向けて動いていると言えます。より根本的な前提から見直すのがダブルループ学習です。

シンプルループ学習とダブルループ学習の関係イメージ　　　　　　　　著者作成

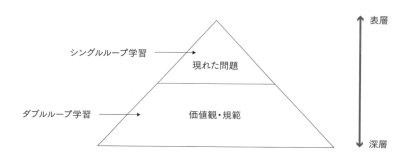

● シングルループ学習とダブルループ学習は促進要因が異なる

シングルループ学習とダブルループ学習、それぞれを促す方法をお伝えします[*7]。シングルループ学習を促す要因の１つは、会社に対する愛着を持っていることです。会社に愛着があれば、会社のためになる行動を好んで取ります。

逆に、社外に出ると損をするから会社に残っているという人は、シングルループ学習につながる行動を取りません。いわゆる「ぶら下がり」と呼ばれる状態にある従業員が、知識の獲得や共有に消極的である様子は、容易に想像できます。

ぶら下がり状態は、ダブルループ学習にもマイナスの影響をもたらします。また、非正規雇用より正規雇用の従業員のほうがダブルループ学習に取り組むことも明らかになっています。ある程度の権限を持ち、会社に腰を据えて働かなければ、根底にある価値観や規範を変えられないからでしょう。

他方で、シングルループ学習の要因であった、会社に対する愛着はダブルループ学習には効きません。会社に愛着を持っている人は、「今の」会社を根本から変えようとは考えないからです。

ダブルループ学習の鍵となるのは、「アンラーニング」です。アンラーニングとは、自分が学んだものを部分的に棄却することを指します。一度自分が習得し、当たり前になったことを疑うのは簡単ではありません。しかし、それができなければ、ダブルループ学習は生まれません。

担 当 者 か ら 始 め る 明 日 へ の 一 歩

● 日々、新しい知識を得る努力をしよう

● これまでの常識を少し疑ってみよう

副作用の可能性とリスクヘッジ

● シングルループ学習に終始しがち

　組織学習には、取り組みやすいものと取り組みにくいものがあります。シングルループ学習は前者、ダブルループ学習は後者です。多くの会社は、ダブルループ学習を苦手とします[*8]。結果、シングルループ学習に終始する会社も少なくありません。

　もちろん、「シングルループ学習はだめ」というわけではありません。とはいえ、自分たちの持つ「暗黙の前提」が適切なものではなくなった時、いくらシングルループ学習を積み重ねても、根本的な解決にはたどり着きません。

　シングルループ学習が得意であるがゆえに、ダブルループ学習から遠ざかり、環境変化に適応できなくなることもあり得ます。日々の改善を大事にする姿勢が、中長期的に自分たちの首を絞めてしまうとすれば、悲しいことです。シングルループ学習だけではなく、ダブルループ学習を意識する必要があります。

● 組織学習は近視眼的になりやすい

　組織学習は、3つの「近視眼」に陥りやすいことが指摘されています[*9]。

①時間の近視眼：「長期」よりも「短期」を重視することです。例えば、10年後・20年後に起こり得る問題より、目前の課題に注目する傾向があります。先々のことは、他人事になりやすいのです。

②空間の近視眼：「全体」よりも「部分」を重視することです。例えば、会社全体より、特定の部門に焦点を当てる傾向があります。自分の所属部門に限らず、会社全体を見渡すのは難しいものです。

③失敗の近視眼：「失敗」よりも「成功」を重視することです。うまくいっ

た事柄は、その会社の仕組みに取り込まれ、やがて常識になっていきます。他方で、失敗にはあまり向き合いません。本来、失敗から学べることはたくさんあるはずです。

漫然と組織学習を促すだけでは、こうした3つの近視眼に陥ってしまう可能性があります。注意しなければなりません。

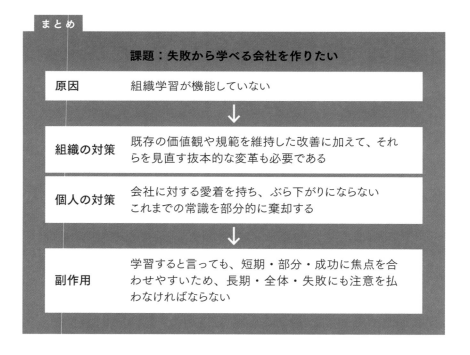

まとめ

課題：失敗から学べる会社を作りたい

原因	組織学習が機能していない

↓

組織の対策	既存の価値観や規範を維持した改善に加えて、それらを見直す抜本的な変革も必要である
個人の対策	会社に対する愛着を持ち、ぶら下がりにならないこれまでの常識を部分的に棄却する

↓

副作用	学習すると言っても、短期・部分・成功に焦点を合わせやすいため、長期・全体・失敗にも注意を払わなければならない

参 考 文 献

* 1　Standish Group(2015)「The 2015 CHAOS Report」
* 2　ITpro(2011)「失敗プロジェクト徹底調査」
* 3　Levitt, B., and March, J. G. (1988). Organizational learning. Annual Review of Sociology, 14(1), 319-338.
* 4　Huber, G. P. (1991). Organizational learning: The contributing processes and the literatures. Organization Science, 2(1), 88-115.

* 5 Rose, R. C., Kumar, N., and Pak, O. G. (2009). The effect of organizational learning on organizational commitment, job satisfaction and work performance. The Journal of Applied Business Research, 25(6), 55-66.

* 6 Argyris, C. and Schon, D. (1978). Organizational Learning, Reading, MA: Addison Wesle.

* 7 正木郁太郎・村本由紀子 (2015)「組織コミットメントが組織学習に及ぼす影響について」『社会心理学研究』第31巻1号、46-55頁。

* 8 Argyris, C. (1977). Double loop learning in organizations. Harvard Business Review, 55(5), 115-125.

* 9 Levinthal, D. A. and March, J. G. (1993). The myopia of learning. Strategic Management Journal, 14(S2), 95-112.

28
よりよい組織文化を作りたい

よくあるケース	
case1	経営者が「組織文化を変えるべきだ」という課題感を持っている
case2	どのような組織文化を醸成すればよいかわからない
case3	有名企業のように、強い組織文化を作りたい

現実に起きている問題

　組織文化を重視する経営者は、多く見られます。民間調査を見ると、9割近い経営者層が「組織文化は経営幹部層が重要視するテーマである」と回答しています。

　しかし、現在の組織文化に対して、多くの経営者層は満足していません。今後3〜5年間の成功や成長、優秀な人材確保のためには、組織文化を変える必要があると考えています[*1]。

　日本だけでなく海外でも、例えば、ベストセラーの『ビジョナリー・カンパニー』などを通じて、「強い文化が大事だ」という認識が広がっています。詳しくは後述しますが、学術界では、「果たして強い組織文化は本当に有効か」という議論が巻き起こっています。

課題を読み解く研究知見

　よい組織文化を作るにはどうすればよいのでしょうか。このことを考える上で、組織文化に関する研究は有益な示唆を与えてくれます。

　初めに、組織文化の定義を確認しておきましょう。組織文化とは、「組織が外的な適応と内的な統合を実現するための、共有されたルール」です[*2]。「外的な適応」とは市場の中で生き残っていくこと、「内的な統合」は会社の内部でまとまりを持って活動していくことを指します。組織文化は、会社が市場に適応し、社内でまとまりを作る中で生み出されたルールのようなものです。

　「組織風土」と「組織文化」の違いが論点に挙がることがあります。厳密に言うと、組織風土は組織文化が顕在化したものとされています[*3]。「自社には、こういうルールがある」と知覚できるのが組織風土で、組織風土は組織文化の一部です。ただし、学術界では、組織文化と組織風土をそこまで区別して用いていません。本書でも、ほぼ同義の概念として扱うことにします。

　さて、組織文化がここまで注目されるのは、なぜでしょうか。組織文化は、そこで働く従業員の行動を方向づけたり、特定の行動に対して報酬や罰を与えたりします[*4]。そのため、マネジメントツールの1つとして組織文化に関心が集まっているのです。

エビデンスに基づく解決策

● 外部志向の組織文化がパフォーマンスを高める

　組織文化の内容を検討する上で取り上げたいのが、「競合価値モデル」という有名な枠組みです[*5]。競合価値モデルにおいては、「内部統合」と「外部適応」、「安定性」と「柔軟性」という2軸で組織文化を整理します。

内部統合と外部適応については、組織文化の定義について説明する際に触れました。安定性とは社内で統制を効かせることで、柔軟性とは自由度を持たせるという意味です。「内部統合－外部適応」「安定性－柔軟性」という2軸を組み合わせると、「官僚的文化（ヒエラルキー）」「集団的文化（クラン）」「合理的文化（アドホクラシー）」「適応的文化（マーケット）」という4種類の組織文化が浮かび上がります。

競合価値モデル　　　　　　　　　　　　　　　　Cameron, K. S. and Quinn, R. E. (1999) ＊5

	内部統合	外部適応
安定性	官僚的文化	合理的文化
柔軟性	集団的文化	適応的文化

　それぞれの組織文化の意味するところは、

・**官僚的文化**（内部統合×安定性）：組織的なまとまりを重視し、従業員を統制しようとする力が強い組織文化
・**集団的文化**（内部統合×柔軟性）：社内ですり合わせをして、合意を取りながら物事を進めていく組織文化
・**合理的文化**（外部適応×安定性）：社内で従業員を統制しようとする力が強く、合理的かつ競争を重んじる組織文化
・**適応的文化**（外部適応×柔軟性）：市場の変化に敏感で、柔軟に適応することを目指す組織文化

といった具合に整理できます。皆さんの会社は、どの組織文化に近いでしょうか。

類似する枠組みとして、「外部志向」の組織文化（合理的文化と適応的文化を含む文化）と「内部志向」の組織文化（官僚的文化と集団的文化を含む文化）に集約するものもあります。社外に目を向けるのが外部志向、社内に目を向けるのが内部志向ということです。

外部志向と内部志向の組織文化を比べると、どちらのほうが有効なのでしょうか。興味深いことに、外部志向の組織文化のほうが、同業他社より利益率や成長度が高いことが検証されています[*6]。組織文化という観点で言えば、内を向くより外を向いたほうが、会社全体のパフォーマンスにつながるのです。

● 参加型リーダーシップが外部志向の組織文化を作る

組織文化は、経営者の態度にも影響を与えます。例えば、外部志向の組織文化において、経営者は先を見据えた戦略的な問題に注目します。他方で、内部志向の組織文化においては、オペレーションなどの業務的な問題に注目します[*7]。

できれば、有効性の高い外部志向の組織文化を醸成していきたいものです。そのために必要になるのは、「参加型リーダーシップ」です[*8]。参加型リーダーシップとは、部下の意見を促したり意思決定に参加させたりする、上司のスタイルを意味します。

部下に自律性を持たせる上司がいたほうが、部下が社外に目を向けやすいということです。逆に、裁量を与えない上司のもとにいると、部下は上司の顔色をうかがうようになり、社内に関心が向くのかもしれません。

- 自分の会社の顧客のニーズを重視しよう

- 市場環境の変化に対して敏感になろう

副作用の可能性とリスクヘッジ

　組織文化の強さに注目する人は多いのですが、強い文化が経営にとってプラスに働くとは限りません。例えば、組織文化の強さと株価の平均伸び率の間には、弱い正の相関しかないことが示されています[9]。組織文化が社内に浸透していれば、会社のパフォーマンスが伸びるわけではないのです。

　むしろ、組織文化の強さが仇になることもあります。例えば、環境の変化が激しくない場合、強い組織文化を持つ会社のほうが業績は安定します。一方で、環境の変化が激しい場合、強い組織文化を持つ会社は業績が低くなるのです[10]。

　組織文化が強いと、前例を踏襲し続けていくような「慣性」の力が働きます。変化する市場に対応しようとしても、強い組織文化ゆえに社内で抵抗にあい、変革に時間を要します[11]。そうこうしているうちに、パフォーマンスが低下してしまうのでしょう。

　自社がどのような組織文化なのか把握することは大事です。加えて、組織文化の浸透度が高まりすぎていないか、すなわち、組織文化が強くなりすぎていないかも確認したいところです。

まとめ

課題：よりよい組織文化を作りたい	
原因	成果をもたらす組織文化が醸成されていない

↓

組織の対策	内部統合を重視する組織文化よりも、外部適応を重視する組織文化を醸成していく
個人の対策	顧客のニーズを意識する 市場の変化を察知する

↓

副作用	組織文化が強くなると、慣性が生まれて、環境変化に適応しにくい

参 考 文 献

* 1　PwC Strategy &(2018)「グローバル組織文化調査」

* 2　Schein, E. H. (1990). Organizational culture. American Psychologist, 45, 109-119.

* 3　Ashforth, B. E. (1985). Climate formation: Issues and extensions. Academy of Management Review, 10(4), 837-847.

* 4　Forehand, G. A. and Von Haller, G. (1964). Environmental variation in studies of organizational behavior. Psychological Bulletin, 62(6), 361-382.

* 5　Cameron, K. S. and Quinn, R. E. (1999). Diagnosing and Changing Organizational Culture: Based on The Competing Value Framework, Addison-Wesley.

* 6　Deshpande, R. and Farley, J. U. (1999). Executive insights: Corporate culture and market orientation: comparing Indian and Japanese firms. Journal of International Marketing, 7(4), 111-127.

* 7　Berthon, P., Pitt, L. F., and Ewing, M. T. (2001). Corollaries of the collective: The influence of organizational culture and memory development on perceived decision-making context. Journal of the Academy of Marketing Science, 29(2), 135-150.

* 8　Harris, L.C. and Ogbonna, E. (2001), Leadership style and market orientation: An empirical study. European Journal of Marketing, 35(5), 744-764.

* 9　Kotter, J. P. and Heskett, J. L. (1992). Corporate Culture and Performance. Free Press, New York.

* 10　Sorensen, J. B. (2002). The strength of corporate culture and the reliability of firm performance. Administrative Science Quarterly, 47(1), 70-91.

* 11　佐藤郁哉・山田真茂留(2004)『制度と文化：組織を動かす見えない力』日本経済新聞社。

29

職場のチームワークを
高めたい

よくあるケース

case1	職場でメンバー同士が団結できていない
case2	「人は人、自分は自分」と割り切っており、協力関係が生まれない
case3	職場の目標達成に向けて、メンバーが尽力していない

現実に起きている問題

　チームワークの問題を抱える会社は多く見られます。「チームワークをよりよい状態に保つために必要なもの」を尋ねた調査によると、最も多い回答は「組織・チーム内の人の間に相互信頼関係があること」でした。続いて、「安心して議論したり意見を出したりできること」「組織・チームの全員が情報共有に前向きであること」となりました[*1]。

　新型コロナウイルス感染症が蔓延して以降、チームワークの重要性は一層高まっています。「ウィズコロナ時代において社員に身につけてほしい力」に関する調査において、最も重要だと回答されたのは、「周りと協力する力（チームワーク）」です。「コロナ前と比べて社員の能力やチーム

ワークが事業に影響を与えると感じるか」という問いには、7割の人が肯定しました[*2]。

　他方で、5年前と比べてチームワークがどう変化したかを尋ねた結果、約40%が「変化していない」と回答しています[*1]。

　それもそのはず。「チームワークを高めるために、十分な教育を行っているか」という問いに対して、「全く行えていない」が9.0%、「あまり行えていない」が35.1%という結果となっています[*2]。会社はチームワークの問題を認識していても、具体的な対策を講じていません。

課題を読み解く研究知見

　チームワークが機能していないと、よいインプットがあっても、よいアウトプットは生まれません[*3]。チームワークは大事なスループットとなります。

　チームワークの有効性は、さまざまな点から検証されています。まず、チームの成果への影響を見ていきましょう。メンバー同士の仲がよいチームは、グループへの愛着や協力の度合いが高く、優れたパフォーマンスを発揮します[*4]。

　チームは会社の中のいたるところに存在します。とりわけ、トップマネジメントチームの会社への影響度は高いと言えます。実際に、トップマネジメントチームでは、お互いの役割が重なっている場合、チームが結束していてコミュニケーションが取られているほど、チームも企業もパフォーマンスが高まることがわかっています[*5]。

エビデンスに基づく解決策

　チームワークをどのように高めていけばよいか、考えていきましょう。

どのような場合にチームワークが特に求められるかを整理するため、4パターンのチーム状況を紹介します。

プールド（pooled）
メンバー全員が別々に仕事をしています。メンバー間で仕事は流れていません。同じ場所にはいるものの、各々別のタスクにあたっている状況です。

シーケンシャル（sequential）
仕事がメンバー間で流れていきます。しかし、一方向の流れです。例えば、上から下に流れていくように、命令や指示系統があるだけの状態です。

レシプロカル（reciprocal）
チーム内で仕事が双方向に動きます。他方で、全体の大きな流れは維持されています。ある瞬間、その関連タスクを進めるメンバーは、チーム内で1名だけになります。

インテンシブ（intensive）
チームメンバーで協力して、一斉に仕事に向かいます。お互いに乗り入れながら、助け合って仕事を進めていきます。

　これら4つの状況を図示すると、次ページ図のようになります。それぞれ、プールド、シーケンシャル、レシプロカル、インテンシブにおける相互作用を表しています。Work enters team はインプット、Work leaves team はアウトプットを意味しています。

Types of task interdependence (based on Thompson model of group task [21]).

Mach et al. (2021) *10

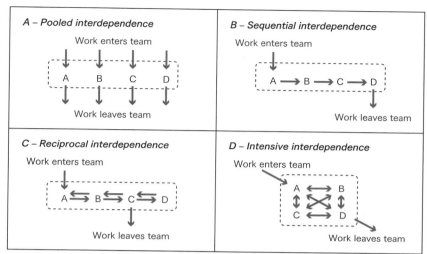

チームにおけるメンバーの関わり方は4種類に分けられる。AからDになるにしたがって、メンバー間の相互作用は増え、より有機的なものになる。

　学術研究においては、プールド、シーケンシャル、レシプロカル、インテンシブという順番で、チームの結束力とパフォーマンスの関係が強くなるという報告があります[6]。プールド、シーケンシャル、レシプロカル、インテンシブという順に、チームメンバーの関わり合いが強くなるため、チームワークの重要性が高まるのです。

　なお、ここで言う結束力には、次の要素が含まれます。

・メンバーに対して好意や愛着を持っていること
・チームのタスクに対して尽力していること
・チームのメンバーである重要性を感じていること

この報告からわかるのは、すべてのチームにチームワークが必要とは限らないということです。例えば、メンバーが別々に仕事をしている場合には、チームワークはあまり求められません。逆に、お互いにやり取りが多いチームにおいて、チームワークは鍵となります。

担当者から始める明日への一歩

● 自分たちのチームの状況を確認しよう

● 関わり合いが大きい場合は、結束力を高めよう

副作用の可能性とリスクヘッジ

チームワークには大きく2つの副作用があります。それぞれ確認していきましょう[7]。

● 仕事の要求が増え、疲弊する

チームワークが機能している状態をイメージしてください。チームワークが高いと、お互いに対する期待や信頼が強くなり、結束力が高まります。これ自体はよいことなのですが、一方で、メンバー個々人の自由度は減っていきます。チームワークが機能していると、明示的あるいは暗黙的な義務が多くなるのです。

チームワークが高いと、その中にいるメンバーにとって、仕事の要求度が増します。これまでの研究では、仕事の要求度が大きいほど、ストレス負荷がかかることが明らかになっています[8]。チームワークが高いと疲弊する恐れがあるということです。

● **チームと会社の目標が一致しない**

　チームワークのよさは、チームの観点からすると重要です。しかし、会社の観点から見ると、どうでしょうか。場合によっては、チームワークのよさが会社に悪い影響を与えることもあります。

　チームと会社が同じ方向へ進んでいる場合、高いチームワークは会社にとっても有益でしょう。他方で、チームと会社の向いているところが異なっていると、チームワークのよさは仇となります[*9・10]。チームが会社の望まぬ方向へ団結して一気に進んでいくという事態に陥ります。

　チームワークを高めることは必要ですが、チームの目標が会社の目標と連動しているのかに注意を払わなければなりません。チームワークのよさが、勢いよく会社を衰退させる要因になるとすれば、悲しいことです。

まとめ

課題：職場のチームワークを高めたい	
原因	チームワークが機能していない

↓

組織の対策	全員で関わり合いながら進める必要がある仕事の場合、チームワークの強化を図る
個人の対策	お互いに信頼関係を築き、チームの仕事に尽力する

↓

副作用	チームワークがよいことで、メンバーの義務が増え、ストレスが高まる チームと会社の目標が一致しないと、チームワークのよさが仇になる

参 考 文 献

＊1　日本経営協会 (2013)「組織・チームにおけるメンバーのあり方と行動についての調査報告書」

＊2　エッセンシャルエデュケーションセンター (2020)「『コロナ禍において組織が抱える課題』に関する調査」

＊3　Mathieu, J. E., Gilson, L. L., and Ruddy, T. M. (2006). Empowerment and team effectiveness: An empirical test of an integrated model. Journal of Applied Psychology, 91(1), 97-108.

＊4　Jehn, K. A. and Shah, P. P. (1997). Interpersonal relationships and task performance: An examination of mediation processes in friendship and acquaintance groups. Journal of Personality and Social Psychology, 72(4), 775-790.

＊5　Barrick, M. R., Bradley, B. H., Kristof-Brown, A. L., and Colbert, A. E. (2007). The moderating role of top management team interdependence: Implications for real teams and working groups. Academy of Management Journal, 50(3), 544-557.

＊6　Beal, D. J., Cohen, R. R., Burke, M. J., and McLendon, C. L. (2003). Cohesion and performance in groups: A meta-analytic clarification of construct relations. Journal of Applied Psychology, 88, 989-1004.

＊7　Cruz, K. S. (2011). Three Essays on the "Dark Side" of Teams. University of Pittsburgh.

＊8　Schaufeli, W. B., and Bakker, A. B. (2004). Job demands, job resources, and their relationship with burnout and engagement: A multi-sample study. Journal of Organizational Behavior, 25(3), 293-315.

＊9　Warren, D. E. (2003). Constructive and destructive deviance in organizations. Academy of Management Review, 28(4), 622-632.

＊10　Mach, M., Abrantes, A. C., and Soler, C. (2021). Teamwork in healthcare management. In M. S. Firstenberg, S. P. Stawicki. Teamwork in Healthcare, IntechOpen.

30

目標管理制度を
機能させたい

現実に起きている問題

　約8割の会社が、目標管理制度を導入しています[*1]。その一方で、目標管理制度の見直しを検討している企業は、約半数に上ります[*2]。「あまりうまくいっていない」という感覚があるのでしょう。

　会社で働く個々人も、目標管理制度に対してあまり好ましい感情を抱いていません。その証拠に、「目標管理」とインターネットで検索をすると、「めんどくさい」「嫌い」「無駄」「意味ない」…といった関連語が出てきます。

　ここでは、目標管理制度を機能させるために、目標の効果的な設定方法について、研究知見をもとに考えます。

課題を読み解く研究知見

　まずは、目標管理制度そのものの意義を見てみましょう。1960年代から80年代に実施された研究結果を統合的に分析した論文があります[*3]。そこでは、目標管理制度が「ある会社」と「ない会社」とを比べると、「ある会社」のほうが生産性は高い、という結果が得られています。少し古い研究ですが、参考になる結果です。

　なぜ、目標管理制度があったほうがよいのでしょうか。目標管理制度の価値として、次の3点が挙げられています。

①目標の設定：目標を立てること自体が効果につながる
②意思決定への参加：従業員が目標を立てるプロセスに関与すれば、会社に対する理解が深まる
③客観的なフィードバック：目標達成に向けたプロセスでフィードバックが得られれば、成長や意欲向上につながる

　目標管理制度の有効性を踏まえた上で、より機能させていくための方法を考えなければなりません。上記の②については「09 評価に対する不満を解消したい」（→078ページ）で、③については「16 自ら成長を求めてほしい」（→136ページ）で詳述しています。ここでは、①に焦点化して解説しましょう。特に、「どのような目標を設定すれば、大きな成果が得られるか」に注目します。

エビデンスに基づく解決策

● 明確で困難な目標が有効

　「目標設定理論」と呼ばれる領域で、パフォーマンスにつながる目標の

種類について検証が重ねられてきました。結論は明快で、また一貫しています。「明確な目標」と「困難な目標」が有効である、というものです[*4]。目標は曖昧であるより具体的なほうが、簡単であるより難しいほうが、高いパフォーマンスにつながります。

　ただし、「困難な目標」については注意が必要です。難易度が高ければ高いほどよいわけではありません。達成のハードルが高くなりすぎると、「ここまではできない」「理不尽な目標だ」と感じてしまいます。

　実際に、目標に対して「自分は達成できそうだ」と感じられるうちはパフォーマンスが上昇する一方で、そのように感じられなくなるとパフォーマンスが低下します[*5]。目標の難易度とパフォーマンスは逆U字型の関係にあるのです。したがって、目標の難易度は「本人が同意できる水準にしておく」という、さじ加減が必要です。

目標難易度とパフォーマンスの関係性のイメージ　　　　　　　　　　　　著者作成

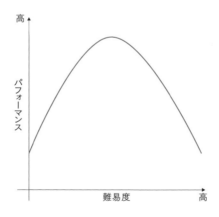

　同意できる目標かどうかについては、客観的な基準があるわけではありません。主観的に決まります。そのため、目標を与える上司と、目標を受

け取る部下の間のコミュニケーションによって、同じ水準の目標でも、同意できる場合と同意できない場合に分かれます。「この目標なら、自分は達成できそうだ」と思ってもらうような働きかけが重要です。

とはいえ、コミュニケーションだけでは、どうにもならないこともあります。そもそも、部下にとって目標が理不尽な高さになっていないか、目標を達成するために部下は必要な支援を受けられるかを確認したいところです。

● 長期よりも短期の目標を設定する

成果をもたらす目標の種類で言うと、長期の目標より短期の目標のほうがよいことがわかっています[*6]。「3年間かけてこれをしよう」という目標よりも、「1週間後に、ここまでたどり着こう」という目標のほうが、パフォーマンスにつながりやすいということです。短期の目標のほうが達成できるイメージがわきやすく、目標達成に向けて行動できる自信、すなわち、「自己効力感」が高まります（自己効力感の詳細は144ページを参照）。自己効力感が高まれば行動にも反映され、成果に結びつきます。

担当者から始める明日への一歩

● ある程度、明確で難しい目標を立てよう

● 達成に向けて行動できそうな短期の目標を立てよう

副作用の可能性とリスクヘッジ

明確で困難な目標が有効であることは、これまでの多くの研究が示しています。しかし、そうした目標を定めることが何の副作用も生まないかと

言うと、そうではありません。次のような条件において、目標は「暴走」してしまいます[7]。

● 目標が具体的すぎる場合

目標が具体的すぎると、そこにしか焦点を当てなくなります。他の部分に注意を払えなくなり、大事な点を見落とす可能性もあります。一見、目標と無関係に思われるけれども実は重要な問題はあるものです。そうした問題を見落とすと、大きな失敗が待ち構えているかもしれません。

● 目標が多すぎる場合

一度にたくさんの目標を設定すると、たとえそれらが明確で困難な目標であっても、逆効果になります。すべての目標を達成することは不可能であり、結局は、特定の目標を追うことになるからです。その際に、定性的な目標より定量的な目標のほうを追いがち、といった指摘もあります。人材採用を例に取れば、「自社に合った人材を採る」という定性的な目標よりも、「○人採用する」という定量的な目標が優先されるのです。

● 目標の時間設定が不適切な場合

長期的な目標より短期的な目標のほうがパフォーマンスは高まることを述べました。しかし、短期的な目標は目先のことに集中させ、長期的な成果を遠ざけることもあります。

また、例えば、「今日の15時までにこれをする」などの短期的な目標が達成できたら、一息つきます。短期的な目標をいくつも設定すると、その合間で何度も休憩をはさむことになり、「かえって非効率になるのではないか」というような懸念も指摘されています。

● 目標が挑戦的すぎる場合

　目標が高くなりすぎると、パフォーマンスが下がることを前述しました。加えて、挑戦的すぎる目標の場合、リスクの高い戦略を取る傾向もあります。目標を達成するために、大事な工程を省いたり、ルールに抵触する手段を採ったりするなど、非倫理的行動が助長される危険性があります。

● 高い目標が達成できなかった場合

　高い目標を立てた時、すべてが達成できるわけではありません。未達に終わった場合、達成感が味わえず、会社や仕事に対する満足度が下がります。

● 目標達成を周囲が評価しすぎる場合

　目標を達成した人に対して、会社は高い評価を示すでしょう。こうした評価は、ある意味で正当です。しかし、目標を達成すること自体に楽しみや喜びを見出していた人が、会社から高い評価を受けると、「次も評価されたいから、目標を達成しよう」となります。「やりがいがあるから仕事に熱中していた人」が、「高い評価ほしさゆえに仕事をする人」に変わってしまう。もったいないことです。

課題：目標管理制度を機能させたい

原因	目標設定がうまくいっていない

↓

組織の対策	目標の難易度設定は、従業員が同意できる範囲にしておく

個人の対策	明確な目標、困難な目標を立てることが重要である 目標は短期的なものであるほうが、「達成の自信」が湧く

↓

副作用	長期的な目標や、目標以外のものへの集中を阻害したり、リスクを取りすぎたり、達成感が得られないなどの課題が起こり得る

参 考 文 献

＊1　労務行政研究所 (2018)『人事労務諸制度実施状況調査』
＊2　労務行政研究所 (2010)『人事労務諸制度実施状況調査』
＊3　Rodgers, R. and Hunter, J. E. (1991). Impact of management by objectives on organizational productivity. Journal of Applied Psychology, 76(2), 322-336.
＊4　Locke, E. A., Shaw, K. N., Saari, L. M., and Latham, G. P. (1981). Goal setting and task performance: 1969-1980. Psychological Bulletin, 90(1), 125-152.
＊5　Erez, M. and Zidon, I. (1984). Effect of goal acceptance on the relationship of goal difficulty to performance. Journal of Applied Psychology, 69(1), 69-78.
＊6　Stock, J. and Cervone, D. (1990). Proximal goal-setting and self-regulatory processes. Cognitive Therapy and Research, 14(5), 483-498.
＊7　Swann, C., Rosenbaum, S., Lawrence, A., Vella, S. A., McEwan, D., and Ekkekakis, P. (2021). Updating goal-setting theory in physical activity promotion: A critical conceptual review. Health Psychology Review, 15, 34-50.

31
制度を現場で用いてほしい

よくあるケース	
case1	よい制度を取り入れたのに、運用がうまくいかない
case2	全く使われていない制度が、いまだに残り続けている
case3	従業員が制度を無視している（あるいは、知らずにいる）

現実に起きている問題

　人事制度の運用に課題を抱えている会社は少なくありません。あるアンケート調査では、人事制度が「問題なく運用されている」という回答は21％、「一部課題がある」が69％、「大きく課題がある」が10％に上ります[*1]。

　人事制度の中でも、評価制度に絞って調査結果を見ていきましょう。運用面の課題としては、次のものが挙げられています。

・評価者間で評価基準にばらつきがある
・評価基準が曖昧である
・目標設定が曖昧である

制度は一度作ったら終わりではありません。その後、円滑に運用していくことが重要です。ところが実際は、運用の中で課題に直面し、思ったように用いられていないようです。

　このように運用面に難しさを抱える人事制度を、経営者はどのような情報をもとに策定しているのでしょう。評価制度策定について尋ねた調査では、次の情報を参考にしていることが明らかになっています。

・他社の経営者や人事担当者から得た情報
・本や雑誌から得た情報
・フォーラムやセミナーで得た情報[*2]

課題を読み解く研究知見

　会社が構築した制度がうまく運用されない。この課題を検討する上で参考になるのは、「脱連結」という概念です。脱連結とは、公式的な制度が非公式的な活動から切り離されていることを意味します。これでは抽象的かもしれません。脱連結について、もう少し具体的に説明します。

　会社はさまざまな制度を作ります。それらの制度は社内だけではなく、

脱連結の構造と例　　　　　　　　　　　　　　　　　　　　　　　著者作成

脱連結とは公式的な制度と非公式的な活動が切り離れている様子を指します。脱連結がなされていることで、社外からは、あたかも公式的な制度が機能しているように見えます。

「当社では、こんな制度を導入しています」と社外にもアナウンスされます。社外からすれば、内部の事情はわからないため、うまいアナウンスがあれば、その制度が機能しているかのように見えます。しかし、フタを開けてみると、意図どおりに機能していないこともあります。制度と現場が噛み合っていない状況が、脱連結です[*3]。

　脱連結のイメージをさらに高めるために、TQM（Total Quality Management）の例を取り上げます。TQMは品質管理手法の一種です。TQMは統計的分析を含み、難易度が高いものです。そのため、会社で導入されても、現場では利用されない状況が生まれます。

　しかし、経営者には「TQMを使って、こんなふうにうまくいきました」といった成功事例が報告されます。それを聞いた経営者は、TQMの実績を社外にアピールします。アピールを聞いた他社の経営者は、TQMの有効性を信じ、それを導入します。けれども、やはり現場では使われません[*4]。

　これはTQMの例でしたが、同じ要領で、実際にはあまり機能していないけれども、普及している人事制度もあるでしょう。

　過去の話で言うと、成果主義が脱連結の事例に該当するかもしれません。明確に目的を定めず、有名企業が取り入れているから自社でも成果主義を導入し、うまく運用できずにフェイドアウトした会社は少なくありません。近年では、ジョブ型雇用も脱連結がなされる可能性のある制度です。

エビデンスに基づく解決策

　脱連結が起こるのは、実態を踏まえないままに制度が導入されるからです。本来、実態に合った制度を導入するほうが理に適っているはずです。なぜ、このようなことが起こってしまうのでしょうか。

● 正統化によって外部の資源を得やすい

ポイントになるのは、制度が導入される理由が一見、合理的であることです。例えば、「最適な異動を実現するために、タレントマネジメントシステムを導入する」と言われると、どうでしょう。正しいことをしているように聞こえます。このように、「それは正しい」と認識してもらうことを「正統化」と呼びます。

社外で正統性が獲得できるのであれば、制度の導入自体は円滑に進みます。対外的に「この会社は、しっかりとした会社だ」という印象が与えられるからです。これにより、会社は社会で高く評価されます。借入金や寄付や投資など、外部の資源を獲得しやすくなります。

あまりよい表現ではありませんが、たとえ実態に合わない制度でも、その導入によって対外的な正統性が得られれば、さまざまな資源の獲得が可能になるため、会社にはメリットがあるのです。こうした動機が知らないうちに働いて、現場で機能しない新たな制度が導入されています[*5]。

● 人事制度が似通うのには3つの理由がある

冷静に考えれば、サービスや営業方法、立地や組織文化などは各社各様です。それにもかかわらず、特に人事制度は会社間で似通ったものが導入されています。市場原理のように、わかりやすい効果や効率性によって制度の導入は決まらないためです。

こうした側面をとらえる概念として、「制度的同型化」があります。これまでの研究によれば、制度的同型化は3つの種類があると指摘されています[*6]。

①強制的同型化

政府や大企業から圧力を受けて、制度を導入するケースです。例えば、親会社の制度を子会社でも導入することは珍しくありません。そこにおい

て、規模や事業の違いはあまり考慮されません。

②規範的同型化

　同じ教育を受けたり、同じ情報に触れたりすることによって、制度の導入を決めるケースです。例えば、著名な書籍を読んで、制度を導入することが該当します。

③模範的同型化

　成功している会社をモデルにするケースです。人事の領域ではよくある話です。しかし、成功している会社の制度が自社にマッチするとは限りません。すべての会社で有効な制度はないのです。

　本来、従業員が抱える課題もそれを解決する制度も、各社さまざまです。しかし、3つの制度的同型化によって、現場のニーズとは異なる方向から、会社間で類似する制度が導入されていきます。

　制度的同型化は、会社の正統性を高める上では有効な手段かもしれません。とはいえ、現場の課題解決につながりにくい制度は、うまく運用されません。このようにして、新しく導入された制度が運用されず、脱連結が起きているのです。

担当者から始める明日への一歩

● 現場の従業員が抱える課題を知ろう

● 他社の成功事例に振り回されないようにしよう

副作用の可能性とリスクヘッジ

　ここまで脱連結をネガティブなものとして捉えすぎたかもしれません。しかし、脱連結には、ある意味で適応的な側面もあります。

　例えば、会社が正統性を獲得すべく、自社の実態には合わない制度を導入したとしましょう。実践的には、よくある話ではないでしょうか。もし、制度を順守して物事を進めようとすると、現場の負荷は大きくなり、最悪の場合、崩壊してしまいます。

　会社の正統性と現場の有効性を両立させるためには、よい意味で制度を「スルー」する必要があります。

　1つ例を挙げましょう。カリフォルニアで教育カリキュラム改革が実施されました。ところが、現場の教員は新しいカリキュラムをそのまま遂行しませんでした。自分の受け持つ教室現場の特徴を考慮し、自由に解釈してカリキュラムを取り込んだのです[*7]。

　これは、当局側から見れば、せっかくのカリキュラムがきちんと用いられていないと捉えることもできます。しかし、目の前の生徒に合わせて、教え方を柔軟に変えたほうが効果は現れます。

　会社としても、制度に完全に従うことを強制していないのは、「脱連結の合理性を理解しているから」とも考えられます。

　脱連結は社外に適応すると同時に、社内をマネジメントするための1つの知恵かもしれません。

課題：制度を現場で用いてほしい

| 原因 | 脱連結が起こっている |

| 組織の対策 | 現場の実態に即した制度を導入する |
| 個人の対策 | とりあえずは現場を回すことを優先する |

| 副作用 | 脱連結がなされることで、社外の正統性と社内の有効性が両立できる場合もある |

参 考 文 献

* 1　トランストラクチャ (2014)「人事制度に関する調査」
* 2　あしたのチーム (2018)「中小企業の人事評価制度構築・運用に関する調査」
* 3　Meyer, J. W. and Rowan, B. (1977). Institutionalized organizations: Formal structure as myth and ceremony. American Journal of Sociology, 83(2), 340-363.
* 4　Zbaracki, M. J. (1998). The rhetoric and reality of total quality management. Administrative Science Quarterly, 602-636.
* 5　Meyer, J. W. and Rowan, B. (1977). Institutionalized organizations: Formal structure as myth and ceremony. American Journal of Sociology, 83(2), 340-363.
* 6　DiMaggio, P. J., and Powell, W. W. (1983). The iron cage revisited: Institutional isomorphism and collective rationality in organizational fields. American Sociological Review, 48(2), 147-160.
* 7　Coburn, C. E. (2004). Beyond decoupling: Rethinking the relationship between the institutional environment and the classroom. Sociology of Education, 77(3), 211-244.

Part 6

仕事と組織に
まつわる処方箋

32
イノベーション創出力を
高めたい

よくあるケース	
case1	従業員に斬新な企画を求めるが、何も出てこない
case2	現状のままではまずいことになるが、新しい手は浮かばない
case3	創造性の高い人材を採用したいが、どのような人材かがわからない

現実に起きている問題

　日本経済が停滞して以降、イノベーションの必要性が指摘され続けています。イノベーションの創出は、人事部門だけでなく経営陣も関心を寄せるトピックです。例えば、経営層の「イノベーション創出への情熱・好奇心」への問題意識を尋ねた調査では、4点満点中「4」と回答した割合が31.0％、「3」と回答した割合が28.9％でした。約6割がイノベーション創出への情熱・好奇心を持っているということです。同じ調査で、「イノベーションマネジメントの必要性の共通認識」を尋ねています。「4」が28.0％、「3」が28.9％という結果になりました[1]。

　イノベーションに適した環境作りも、5割以上の企業が必要性を感じて

いました。

　人事が行うイノベーション創出の取り組みとしては、採用や配置が中心でしょう。アイデアを創出できそうな人を採用したり、責任者にしたりするアプローチです。実際に、「事業開発の経験者を採用・配置している」（56%）、「アイデア創出が得意な人材の採用・配置を重視している」（53%）、「イノベーション創出のために多様なタイプの人材を採用・配置している」（54%）といった方法はよく取られているようです[*2]。

　他方で、イノベーション創出のプロセスについては、あまり注目されていません。4点満点評価の調査によると、「イノベーションプロセスの周知・啓蒙」については「4」が7.3%で「3」が6.5%。「アイデア創出プロセス」では、「4」が2.2%で「3」が6.9%[*1]。プロセスに目を向けている企業は10%程度なのです。

　中小企業では、その傾向が顕著です。他社が導入していない「革新的なイノベーション活動の取り組み状況」について問うと「プロセスイノベーション（業務プロセスの革新）」に取り組んでいるのは9.5%、「プロダクトイノベーション（新商品・新事業の創出）」は7.8%、「両方」取り組んでいるのは13.2%にとどまります。「取り組んでいない」企業のほうが多いわけです[*3]。

　これらの調査から、新しい商品・サービスの創出は求めているものの、生み出すためのプロセスや実行は十分になされていないことがわかります。

課題を読み解く研究知見

● イノベーションはアイデアの生成と実行に分かれる

　イノベーションの創出は一朝一夕にはいきません。長期にわたるプロセスが求められますが、それらは「アイデア生成」と「アイデア実行」という2つの段階に分けられます。

　アイデア生成は、文字どおり、アイデアを生み出す段階です。アイデア

実行は、プロダクトや制度を実装するなど、アイデアを具現化する段階です[*4]。アイデア生成は個人で担うことができますが、アイデア実行は周囲の協力が不可欠です[*5]。一般に、アイデア生成が得意な人は、根回しなどの社内政治が求められるアイデア実行は苦手かもしれません。

　ここでは、新しいアイデアを生み出す段階、すなわち、アイデア生成を中心に取り上げます。

● 創造性には6つの側面がある

　アイデア生成を読み解く上で有益な知識を提供してくれるのは、「創造性」に関する研究です。創造性とは、「新しく有益で価値のあるものを生み出すこと」です[*6]。創造性を発揮する仕事上の行動としては、

・目標を達成するために、新規で実用的なアイデアを出す
・新しい技術、プロセス、製品のアイデアを探し出す
・問題に対して、新鮮なアプローチを提案する

といったものが挙げられます[*7]。

　創造性の研究は、もともとはアイデアを生み出す、一部の天才に共通する特徴を抽出するところから始まりました。しかし、現代では一部の天才だけがアイデアを生み出すという考え方は取りません。多くの人が持ち得るものとして、創造性を位置づけています。

　創造性には複数の側面があります。例えば、

・**感受性**（Sensitivity）：違和感や不具合に気づく
・**柔軟性**（Flexibility）：多様なアプローチを試せる
・**流暢性**（Fluency）：多くの考えを生み出すことができる
・**独創性**（Originality）：他の人が思いつかない珍しいアイデアを出す

- **精巧性**（Elaboration）：詳細にアイデアを練ることができる
- **再定義性**（Redefinition）：一般の定義とは異なる定義を持ち込める

という6つの側面が指摘されています[*8]。

　興味深いことに、創造性は知的能力の高さとは関連しません。創造性とIQとの関係性が検証されていますが、創造性とIQの相関は弱いことがわかりました[*9]。ただし、IQが低い場合は創造性も低くなりがちであるため、創造性を発揮する上で最低限のIQは必要かもしれません。

エビデンスに基づく解決策

● 創造性を発揮しやすい人や働き方がある

　創造性が高い職場を作るためのヒントを得るべく、まずは創造性を発揮しやすい人の特徴について説明します。具体的には、「学習目標志向性」と「自己効力感」という2つの特徴があります。

①学習目標志向性[*10]

　自分の能力の向上を志向する傾向のことです。いわゆる成長志向の高さです。学習目標志向性が高いほど、創造性を発揮する傾向にあります。

②自己効力感[*11]

　自己効力感とは、ある行動をうまく取れる自信を指します。「自分は創造的に振る舞える」と思っているほど、実際に創造的に振る舞います。自信は大事ということです。

　創造性が促される仕事の取り組み方についても、検証が行われています。あまり熟考せずに無意識的でいたほうがアイデアは生まれます[*12]。

さらに、単独作業のほうが共同作業よりも創造性が高まります[*13]。一方で、コミュニケーションが活発である場合、共同作業のほうが創造性は発揮されることがわかっています[*14]。

● 創造性を発揮しやすい環境がある

　創造性を発揮できる環境の条件も整理しましょう。具体的には、

・会社からの奨励
・上司からの奨励
・職場からのサポート
・自由があること
・十分な資源があること
・挑戦的な仕事に取り組んでいること
・業務負荷の圧力が低いこと
・会社からの障害が少ないこと

などが、創造性を発揮する環境面の要因になっています[*15]。このような職場になっているか、改めてチェックしてみるとよいでしょう。

　加えて、事前に自分の取り組みが「評価される」と認識していると、創造性は一貫して低くなります[*16]。創造性を促したいがために、創造性を評価しようとすると逆効果になる可能性があるのです。

担当者から始める明日への一歩

● 学習目標志向性や自己効力感の高い人材を抜擢しよう

● アイデアを評価することを事前に伝えないようにしよう

副作用の可能性とリスクヘッジ

● 創造的な人が問題をもたらす

　創造性が高い人とは、どのような人でしょうか。創造性の高い人の特徴を形容詞で示していくと、

・有能な

・確信している

・自己中心的な

・ユーモアのある

・形式張らない

・個人主義

・洞察に満ちた

・興味の対象が広い

・創意に富む

・しきたりにこだわらない

などになります[*17]。このような人物は、個人としては魅力的である一方で、職場に実際にいると、ある意味では厄介だと感じるかもしれません。創造性を持つ人は、よくも悪くも既存の枠にとらわれない人材だからです。

　創造性が副作用を生み出し得るのは、まさにこの点において、です。

　創造性の高い人は、時に社会的な通念を逸脱する可能性があります。逸脱がポジティブなものであれば問題ありません。しかし、ネガティブな方向にはみ出すことも、なきにしもあらずです。

　革新的ではあるものの、他者に害を及ぼすようなアイデアを生み出す創造性のことを「ネガティブ・クリエイティビティ」と呼びます[*18]。カンニングの画期的な方法を思いついたり、新たなテロの策を発案したりするよ

うな創造性です。創造性は、その矛先がどこへ向くかわからない危うさをはらんでいます。

ただし、悩ましいのは、こうした負の側面をコントロールしようとすると、創造性自体が減退しうる点です。既存の枠を越えなければ新たな商品・サービスのアイデアは出てきません。いずれにせよ、創造性はネガティブ・クリエイティビティと隣合わせであることを十分に理解しておく必要があります。

● 言い訳がうまく、非倫理的行動を取る

創造性が高い人は、嘘や言い訳を行います。さまざまなアイデアが湧いてくるため、ごまかしも上手で、多少の非倫理的行動はいとわない傾向があります。

例えば、下図を見てください。2つの図には、真ん中に線が引かれています。

図点の数の多さを数える課題　　　　　　　　　　　　　　　Gino, F. and Ariely, D. (2012) ＊19

(a) 曖昧ではない試行　　　　　　　　　(b) 曖昧な試行

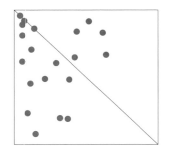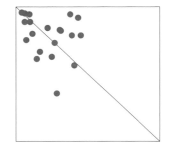

この図を見せて、「線の左側と右側のどちらが、点の数が多いでしょうか」と質問します。ただし、左と答えたら0.5セントもらえ、右と答えたら5セントもらえます。右と答えたほうがお得な条件になっています。

左図（a）では、明らかに左側のほうが点が多く認められます。これには、創造性が高い人でも「左」と答えます。しかし、右図（b）では、点の数を勘定してみると正解は「左」なのですが、創造性が高い人は報酬がより高い「右」と答えます[19]。「右」と答えた理由を尋ねられても、創造性の高さゆえに、うまく説明できるからです。

創造性の高さが非倫理的行動の言い訳に使われてしまうのは、もったいないことです。周囲は、そのような事態を避けるように注意しなければなりません。

● 創造的な上司には注意が必要

創造性が高い人が上司になると大変で、部下が大いに振り回される可能性があります。創造性の高い人は思考が回るため、自分をうまく正当化し、「侮辱的管理」（abusive supervision）を行うかもしれません。侮辱的管理とは、部下を傷つけるようなマネジメントのことです[20]。皆さんの周りには、個人としては非常に創造的だが、上司としては問題のある人がいないでしょうか。

実際、悲しいことに、創造性と道徳性は負の関係にあることが示されています。創造性が高いほど道徳性は低いのです。しかし、上司が倫理観を持っている場合、非倫理的な振る舞いは抑制されます[21]。創造性が高い人の上司に、倫理的リーダーシップを発揮する人をつけると、部下に対する侮辱的管理を抑えることにもつながるでしょう。

創造性と言うと、どちらかと言えばポジティブなイメージが喚起されがちですが、このような危険があることも踏まえておきましょう。

課題：イノベーション創出力を高めたい

原因	創造性が低い

↓

組織対策	組織が奨励・支援し、十分な資源と自由を与える 業務負荷を減らし、アウトプットへの評価を控える

個人の対策	成長志向と創造性への自信を持つ 無意識的な思考を重視し、時には、1人で仕事をする

↓

副作用	言い訳がうまく、非倫理的行動を導く可能性がある 倫理的リーダーをつけると副作用が緩和される

参 考 文 献

＊1　デロイト トーマツ コンサルティング（2016）「イノベーションマネジメント実態調査2016」

＊2　三菱総合研究所（2020）「イノベーション経営の普及及びオープンイノベーション促進に係る調査」

＊3　東京商工会議所（2021）「『中小企業のイノベーション実態調査』報告書」

＊4　Baer, M. (2012). Putting creativity to work: The implementation of creativity ideas in organizations. Academy of Management Journal, 55(5), 1102-1119.

＊5　Van de Ven, A. H. (1986). Central problems in the management of innovation. Management Science, 32(5), 590-607.

＊6　Woodman, R. W., Sawyer, J. E., and Griffin, R. W. (1993). Toward a theory of organizational creativity. Academy of Management Review, 18, 293-321.

＊7　Zhou, J. and George, J. M. (2001). When job dissatisfaction leads to creativity: Encouraging the expression of voice. Academy of Management Journal, 44, 682-696.

＊8　Torrance, E. P. (1962). Non-test ways of identifying the creatively gifted. Gifted Child Quarterly, 6(3), 71-75.

＊9　Guilford, J. P. (1967). Creativity: Yesterday, today and tomorrow. The Journal of Creative Behavior, 1(1), 3-14.

＊10　Hirst, G., Van Knippenberg, D., & Zhou, J. (2009). A cross-level perspective on employee creativity: Goal orientation, team learning behavior, and individual creativity. Academy of Management Journal, 52(2),

280-293.

* 11 Tierney, P., & Farmer, S. M. (2002). Creative self-efficacy: Its potential antecedents and relationship to creative performance. Academy of Management journal, 45(6), 1137-1148.

* 12 Dijksterhuis, A., Bos, M. W., Nordgren, L. F., and Van Baaren, R. B. (2006). On making the right choice: The deliberation-without-attention effect. Science, 311(5763), 1005-1007.

* 13 Shalley, C. E. (1995). Effects of coaction, expected evaluation, and goal setting on creativity and productivity. Academy of Management Journal, 38(2), 483-503.

* 14 Yetton, P. W. and Bottger, P. C. (1982). Individual versus group problem solving: An empirical test of a best-member strategy. Organizational Behavior and Human Performance, 29(3), 307-321.

* 15 Amabile, T. M., Conti, R., Coon, H., Lazenby, J., and Herron, M. (1996). Assessing the work environment for creativity. Academy of Management Journal, 39(5), 1154-1184.

* 16 Amabile, T. M., Goldfarb, P., and Brackfleld, S. C. (1990). Social influences on creativity: Evaluation, coaction, and surveillance. Creativity Research Journal, 3(1), 6-21.

* 17 Gough, H. G. (1979). A creative personality scale for the adjective check list. Journal of Personality and Social Psychology, 37(8), 1398-1405.

* 18 Kapoor, H. and Khan, A. (2016). The measurement of negative creativity: metrics and relationships. Creativity Research Journal, 28(4), 407-416.

* 19 Gino, F. and Ariely, D. (2012). The dark side of creativity: Original thinkers can be more dishonest. Journal of Personality and Social Psychology, 102(3), 445-459・(図内翻訳は著者による)

* 20 Qin, X., Dust, S. B., DiRenzo, M. S., & Wang, S. (2019). Negative creativity in leader-follower relations: A daily investigation of leaders' creative mindset, moral disengagement, and abusive supervision. Journal of Business and Psychology, 35(5), 1-18.

* 21 Liu, X., Liao, H., Derfler-Rozin, R., Zheng, X., Wee, E. X. M., and Qiu, F. (2020). In line and out of the box: How ethical leaders help offset the negative effect of morality on creativity. Journal of Applied Psychology, 105(12), 1447-1465.

33

従業員の仕事内容を明確にしたい

現実に起きている問題

　国際比較の調査で、日本はタイ、インド、アメリカと比べて、「仕事の成果が把握しにくい」「役割が明確ではない」という結果が出ています[*1]。「仕事をする上で、自分がどの程度の権限を振るえるのかはっきりわかっていますか」という質問に対しても、「そう思う」と回答する人は約10％にとどまります[*2]。日本企業では、役割や責任が明確ではありません。

　このことが労働時間の増加にもつながっているとの報告もあります。「仕事の範囲や目標がはっきりしている」という質問に「当てはまる」と答えた人は、「当てはまらない」と答えた人より、労働時間が短い傾向にあります[*3]。業務が不明瞭だと、仕事にキリをつけにくいのかもしれません。

よくない影響を及ぼす「仕事の曖昧さ」について、学術研究をもとに解説していきましょう。

課題を読み解く研究知見

仕事の曖昧さに関連する概念として、「役割曖昧性」があります。役割曖昧性とは、会社における自分の役割に関して必要な情報が得られていないことを意味します[*4]。具体的には、

・仕事において自分に求められているものがわからない
・仕事における自分への期待がわからないことが多い
・仕事の要件はいつも明確ではない

といった項目が当てはまる時、役割曖昧性が高いと言えます[*5]。

役割曖昧性が高いと、自分の要求されていることがわからず、心理的に疲弊します。緊張感や不安感を覚えたり、仕事を休んだりします。会社を辞めたいという気持ちも高まります。仕事や会社に対する満足度、会社への愛着、仕事のパフォーマンスも低下することがわかっています[*6]。

エビデンスに基づく解決策

研究知見を見る限り、役割曖昧性は極力高めないほうがベターです。役割曖昧性を下げるには、さまざまな手立てがあります。

● 役割曖昧性を下げる仕事や上司の特徴がある

仕事の性質によって、役割曖昧性は左右されます。例えば、

・自己裁量の大きい仕事
・一部ではなく全体に携われる仕事
・ルールや手続きが定まっている仕事

に取り組んでいると、役割曖昧性は低くなります。全体を任せるか、あるいは、手続きを決めるとよいでしょう。また、フィードバックも役割曖昧性を下げる要因です。

・周囲からコメントをもらえる
・仕事の結果が見えやすい

という具合に、人や仕事から情報を得られやすくする工夫が有効です。情報が得られれば、役割は見えてきます。さらに、上司の振る舞いも役割曖昧性に影響します。

・上司が部下の仕事を前に進める支援をする
・上司が部下の話を聞いている

と、部下の役割曖昧性は低くなります[*6]。上司とのコミュニケーションを通じて、自分の役割が明確になるからです。
　幹部向けに研修を行ったり、会社のパフォーマンスを定期的に測定したりすることも、役割曖昧性には効果的です。研修を受ければ知識を獲得し、役割が把握しやすくなります。パフォーマンスの測定は現状を可視化するため、役割の明確化を促します[*7]。

● 職務記述書を作成しても役割曖昧性は十分に下がらない
　近年、ジョブ型雇用の旗印のもと、職務記述書を充実させようとする

会社が増えています（ちなみに、ジョブ型雇用は職務記述書の作成とイコールではありません）。職務記述書を詳細に作れば、役割曖昧性は下がるのでしょうか。それだけでは十分に下がらないと考えられます。

職務記述書の作成がもたらす限定的な効果
著者作成

役割曖昧性が下がるとよい影響が出るが、職務記述書を拡充したからと言って、役割曖昧性が下がるとは限りません

　先ほど、ルールや手続きが決まっている仕事に就くと、役割曖昧性は低くなると述べました。職務記述書を詳述すれば、ルールや手続きが多少定まるでしょう。ただし、言葉で表現できることには限界があります。結局、曖昧さは残されます。

　残された曖昧さを抑えるのは、その他の要因です。特に、周囲や上司との関わりが大事になります。仕事をあらかじめ記述することに努力を投じるより、コミュニケーション豊かな職場を作るほうが、役割曖昧性を下げる意味では効果的です。

> **担当者から始める明日への一歩**
>
> ● 周囲に対して積極的にフィードバックを求めよう
>
> ● 自分の仕事の全体像を理解するために情報を集めよう

副作用の可能性とリスクヘッジ

　役割曖昧性の高さは、基本的にはネガティブな影響をもたらします。しかし、条件によっては、ネガティブな影響が軽減されたり、逆に、ポジティブに働いたりすることがわかっています。

● 上司からのフィードバックがマイナスの影響を緩和

　役割曖昧性が高いとエンゲージメントが下がる傾向にあります。しかし、上司が部下の働きぶりを観察し、適切に承認していれば、エンゲージメントの低下が抑えられます[*8]。

　また一般には、役割曖昧性が高いと仕事のパフォーマンスも低いのですが、上司が部下に多くのフィードバックをしていれば、パフォーマンスが下がりにくいことがわかっています[*9]。

　フィードバックの重要性は、他の研究でも指摘されています。役割曖昧性は仕事や会社への満足度にマイナスに作用します。一方で、働きぶりへのフィードバックがあれば、マイナスが緩和されます[*10]。

● イノベーション志向の人は役割曖昧性を歓迎する

　実は、役割曖昧性を望む人もいます。イノベーションを志向している人です。情報が足りない状態や、自分の仕事の範囲が広い状態のほうが、高い満足感が得られるからです[*11]。役割曖昧性を好意的に捉える珍しいタイプです。

　イノベーション志向が高い人は、役割曖昧性が高い状況を巧みに利用することもわかっています。

　例えば、自分をマネジメントする人が2人いる場合、自分に対する期待は曖昧になりがちです。プロジェクトのマネジャーと直属の上司が異なるようなケースを想像してみてください。

こうしたケースでは一般に役割曖昧性が上がり、ネガティブな影響がもたらされます。ところが、イノベーション志向が強い人は、この状況をチャンスと捉えます。マネジャーと上司の間を取り持つハブになり、自分の役割を広げていきます[*12]。役割曖昧性をよいことに、自分のできることを増やすのです。イノベーションを目指す人にとって、役割曖昧性は歓迎されるものです。したがって、イノベーションを志向する人材を求める会社や部門において、役割曖昧性を下げようとすると、適材が寄りつかなくなる可能性があります。

まとめ

課題：従業員の仕事内容を明確にしたい

原因	役割曖昧性が高い

↓

組織の対策	自己裁量が大きく、全体に携われる仕事にアサインする 上司による部下に対する支援を強化する
個人の対策	お互いの働きぶりに対してフィードバックし合う 研修に積極的に参加する

↓

副作用	上司がフィードバックをしたり承認したりしていれば、負の影響が緩和される イノベーション志向の人材にとっては、役割曖昧性は高いほうがよい

参 考 文 献

＊1　リクルートワークス研究所（2015）「五カ国マネジャー調査」

＊2　ワーク＆ワークス（2019）「働きぶりと仕事上の役割認識についての調査結果」

＊3　労働政策研究・研修機構（2010）「『仕事特性・個人特性と労働時間』調査結果」

＊4　Kahn, R. L., Wolfe, D. M., Quinn, R. P., Snoek, J. D., and Rosenthal, R. A. (1964). Organizational Stress: Studies in Role Conflict and Ambiguity. John Wiley.

＊5　Bowling, N. A., Khazon, S., Alarcon, G. M., Blackmore, C. E., Bragg, C. B., Hoepf, M. R., Barelka, A., Kennedy, K., Wang, Q., and Li, H. (2017). Building better measures of role ambiguity and role conflict: The validation of new role stressor scales. Work & Stress, 31(1), 1-23.

＊6　Jackson, S. E. and Schuler, R. S. (1985). A meta-analysis and conceptual critique of research on role ambiguity and role conflict in work settings. Organizational Behavior and Human Decision Processes, 36(1), 16-78.

＊7　Wright, B. E. and Millesen, J. L. (2008). Nonprofit board role ambiguity: Investigating its prevalence, antecedents, and consequences. The American Review of Public Administration, 38(3), 322-338.

＊8　Martinez-Diaz, A., Manas-Rodriguez, M. A., Diaz-Funez, P. A., and Limbert, C. (2020). Positive influence of role ambiguity on JD-R motivational process: The moderating effect of performance recognition. Frontiers in Psychology, 11.

＊9　Srikanth, P. B. and Jomon, M. G. (2013). Role ambiguity and role performance effectiveness: Moderating the effect of feedback seeking behaviour. Asian Academy of Management Journal, 18(2), 105-127.

＊10　Jong, J. (2016). The role of performance feedback and job autonomy in mitigating the negative effect of role ambiguity on employee satisfaction. Public Performance & Management Review, 39(4), 814-834.

＊11　De Clercq, D. and Belausteguigoitia, I. (2017). Reducing the harmful effect of role ambiguity on turnover intentions: The roles of innovation propensity, goodwill trust, and procedural justice. Personnel Review, 46(6), 1046-1069.

＊12　Ebbers, J. J. and Wijnberg, N. M. (2017). Betwixt and between: Role conflict, role ambiguity and role definition in project-based dual-leadership structures. Human Relations, 70(11), 1342-1365.

34

仕事のエンゲージメントを高めたい

よくあるケース

case1 最近、仕事に対して熱意を持てていない

case2 熱心に仕事をしていない同僚が多く、自分もやる気を奪われる

case3 「早く仕事が終わらないかな」と時計ばかり気にしている

現実に起きている問題

エンゲージメントは、ここ数年、注目されている概念です。さまざまな意味で用いられる概念ですが、ここでは特に「仕事と個人の関係性」に着目した「ワークエンゲージメント」を取り上げます。ワークエンゲージメントと組織コミットメントを引っくるめて「エンゲージメント」と呼ぶこともありますが、両者は別物であるため、本書では区別します（組織コミットメントの詳細は205ページを参照）。

まずは、ワークエンゲージメントの実態を見ていきましょう。2019年に厚生労働省が発表した調査では、「1週間に1度以上の頻度で」感じる気持ちを尋ねる質問に対して、

・仕事に熱心だ（39.4%）

・仕事をしているとつい夢中になってしまう（35.6%）

・自分の仕事に誇りを感じる（33.8%）

・活力がみなぎるように感じる（21.7%）

・朝に目が覚めると、さあ仕事へ行こう、という気になる（21.3%）

という回答が得られています。これらはワークエンゲージメントの高さを表す質問ですが、この調査結果によるとワークエンゲージメントの高さを週1で感じる人が4割を切っているということです。また、ワークエンゲージメントを7段階で尋ねた質問に対しては、7点満点で平均2.62点となりました。あまり高い数値ではありません[*1]。

　とりわけ年齢が若く、職位・職責が低いほど、ワークエンゲージメントは低い傾向にあります[*2]。若い従業員のワークエンゲージメントの低さに課題があります。

課題を読み解く研究知見

　ワークエンゲージメントは、「仕事全般に関する、ポジティブで充足した感情的・認知的状態」と定義されます[*3]。少し抽象度が高いかもしれません。例えば、下記の内容に当てはまる場合は、ワークエンゲージメントが高い状態です。

・仕事に熱心に取り組んでいる

・自分の仕事に誇りを持っている

・自分の仕事に没頭している[*4]

　ワークエンゲージメントは、ある瞬間の状態を指すものではありません。

今日どうかというより、この数か月にわたってどうかを捉える概念です。一定の安定した特性を意味しています。

　元々の研究の経緯として、ワークエンゲージメントはバーンアウトの対極の概念として登場しました[*5]。バーンアウトは情緒的に枯渇していることを指します。いわゆる、「燃え尽き」の状況です。バーンアウトとは逆に、仕事に生き生きと取り組んでいるのがワークエンゲージメントです。

　ワークエンゲージメントが高いと、さまざまな効果が生まれます。例えば、離職意思が下がります[*6]。また、パフォーマンスを高める効果も検証されており、自分で評価したパフォーマンスだけではなく、上司や同僚が評価したパフォーマンスにもプラスの影響があります[*7]。さらに、会社への愛着も促されます[*7]。

　会社にとっても従業員にとっても、ワークエンゲージメントは重要な役割を果たしています。

エビデンスに基づく解決策

　ワークエンゲージメントを高める方法を考えるために役立つのは、「仕事要求度 − 資源モデル（Job Demand-Resource：JD-Rモデル）」です。

　JD-Rモデルは次ページ図のように整理できます[*6]。既述のとおり、ワークエンゲージメントはバーンアウトとマイナスの関係になっています。

　JD-Rモデルを見ると、エンゲージメントに影響を与えているのは「仕事の資源」であることがわかります。会社から仕事の資源を提供すれば、従業員のワークエンゲージメントが高まります。

● 周囲からのサポート

　仕事の資源とは、会社で働く個人が入手できるものを広く指します。例えば、同僚や上司など周囲からのサポートが、仕事の資源に含まれます。

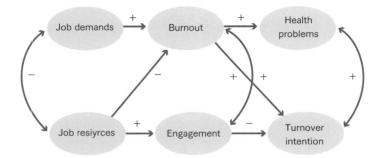

JD-Rモデルの中には、仕事の資源が高いほどワークエンゲージメントが高いことが含まれています。

サポートが得られると、ワークエンゲージメントは高まります[*8]。

● 裁量や多様なスキルを活かす仕事

　さらに、仕事の裁量があるほど、ワークエンゲージメントは高まります[*9]。また、多様なスキルを活かす仕事ほど、ワークエンゲージメントが高いこともわかっています[*10]。少し難しい仕事を任せてもらえるのが、ワークエンゲージメントにとってはよいのです。

担 当 者 か ら 始 め る 明 日 へ の 一 歩

● 複雑な仕事を任せよう

● 同僚や上司のサポートを求めよう

副作用の可能性とリスクヘッジ

● 縄張り意識が強まってしまう

　ワークエンゲージメントが高いと、「心理的所有感」が高まります。心理的所有感とは当事者意識のことです。心理的所有感を持っていれば、仕事に対して自発的に考え、行動しようとします。ただし、心理的所有感にはプラスの側面とマイナスの側面があります。

　プラスの側面としては、心理的所有感が高いほどパフォーマンスも高く、会社にとって有益で自発的な役割外行動も促されます。

　他方で、マイナスの側面として、心理的所有感が高いと、縄張り意識が強まったり、他の人に対して自分の持つ知識を隠したりする傾向があります。仕事に関する非倫理的行動を取ることにもつながります[11]。

　心理的所有感のネガティブな影響を最小化するためには、会社の中で個人が孤立するのを防ぐ必要があります。例えば、できる限りチームで仕事をしたり、他者と連携させたりするような働きかけが有効でしょう。普段からコミュニケーションが発生するような環境を作れば、縄張り意識や知識隠蔽といった行動を抑えられます。

● 仕事をがんばりすぎることで残業時間が増加する

　ワークエンゲージメントが高い人は、仕事をがんばりすぎてしまいます。その結果、残業時間が長くなります[12]。ただし、本人としては必ずしも疲労感を覚えているわけではなく、ある意味で幸せに働いています。この点が悩ましいところです。その一方で、賃金や自分の生活を犠牲にしがちで[13]、健康やワークライフバランスの問題が発生する可能性もあります。長い目で見た時に注意が必要です。

● 仕事と家庭の葛藤が起きる

　仕事をがんばりすぎることから派生する、もう1つの問題があります。それは「ワークファミリーコンフリクト」が高まるという問題です。ワークファミリーコンフリクトとは、仕事と家庭の間に葛藤が生まれることを意味します。

　実際に、ワークエンゲージメントが高いほど組織市民行動を多く取るため、結果的に家庭のための時間が減り、ワークファミリーコンフリクトが高まるという報告があります[*14]。会社としては、従業員の仕事以外の時間も考慮する必要があるでしょう。ワークエンゲージメントを高めることだけを意識していると、従業員のプライベートが崩壊してしまいかねません。

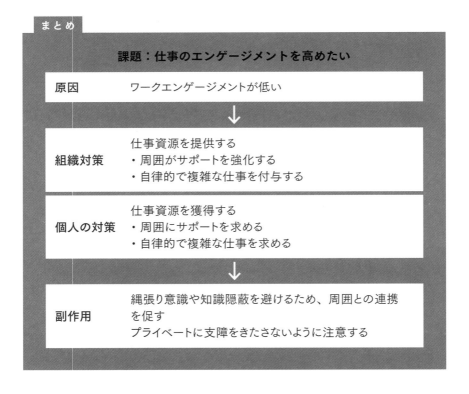

まとめ

	課題：仕事のエンゲージメントを高めたい
原因	ワークエンゲージメントが低い
	↓
組織対策	仕事資源を提供する ・周囲がサポートを強化する ・自律的で複雑な仕事を付与する
個人の対策	仕事資源を獲得する ・周囲にサポートを求める ・自律的で複雑な仕事を求める
	↓
副作用	縄張り意識や知識隠蔽を避けるため、周囲との連携を促す プライベートに支障をきたさないように注意する

参 考 文 献

* 1　リクルートマネジメントソリューションズ（2020）「『ワーク・エンゲージメント』実態調査結果」

* 2　厚生労働省（2019）『令和元年版 労働経済の分析』

* 3　Schaufeli, W. and Bakker, A. (2004). UWES Utrecht Work Engagement Scale Preliminary Manual. Occupational Health Psychology Unit Utrecht University, Utrecht.

* 4　Rich, B. L., Lepine, J. A., and Crawford, E. R. (2010). Job engagement: Antecedents and effects on job performance. Academy of Management Journal, 53, 617-635.

* 5　Schaufeli, W. B., Salanova, M., Gonzalez-Roma, V., and Bakker, A. B. (2002). The measurement of engagement and burnout: A two sample confirmatory factor analytic approach. Journal of Happiness Studies: An Interdisciplinary Forum on Subjective Well-Being, 3(1), 71-92.

* 6　Schaufeli, W. B., and Bakker, A. B. (2004). Job demands, job resources, and their relationship with burnout and engagement: A multi－sample study. Journal of Organizational Behavior: The International Journal of Industrial, Occupational and Organizational Psychology and Behavior, 25(3), 293-315.

* 7　Halbesleben, J. R., and Wheeler, A. R. (2008). The relative roles of engagement and embeddedness in predicting job performance and intention to leave. Work & Stress, 22(3), 242-256.

* 8　De Lange, A. H., De Witte, H., and Notelaers, G. (2008). Should I stay or should I go? Examining longitudinal relations among job resources and work engagement for stayers versus movers. Work & Stress, 22(3), 201-223.

* 9　Xanthopoulou, D., Bakker, A. B., Demerouti, E., and Schaufeli, W. B. (2007). The role of personal resources in the job demands-resources model. International Journal of Stress Management, 14(2), 121-141.

* 10　Hakanen, J. J., Bakker, A. B., and Demerouti, E. (2005). How dentists cope with their job demands and stay engaged: The moderating role of job resources. European Journal of Oral Sciences, 113(6), 479-487.

* 11　Win, L., Law, K. S., Zhang, M. J., Li, Y. N., and Liang, Y. (2019). It's mine! Psychological ownership of one's job explains positive and negative workplace outcomes of job engagement. Journal of Applied Psychology, 104(2), 229-246.

* 12　Beckers, D. G. J., van der Linden, D., Smulders, P. G. W., Kompier, M. A. J., van Veldhoven, M. J. P. M., and van Yperen, N. W. (2004). Working overtime hours: Relations with fatigue, work motivation, and the quality of work. Journal of Occupational and Environmental Medicine, 46, 1282-1289.

* 13　Bunderson, J. S. and Thompson, J. A. (2009). The call of the wild: Zookeepers, callings, and the double-edged sword of deeply meaningful work. Administrative Science Quarterly, 54, 32-57.

* 14　Halbesleben, J. R. B., Harvey, J., and Bolino, M. C. (2009). Too engaged? A conservation of resources view of the relationship between work engagement and work interference with family. Journal of Applied Psychology, 94, 1452-1465.

【表記について】

学術研究においては「ワーク・エンゲイジメント」と表記されるのが一般的ですが、本書では一般書で広く用いられている「ワークエンゲージメント」で表記を統一しています。

Part 7

労働環境や働き方に
まつわる処方箋

35
新しい技術の導入を
進めたい

よくあるケース

case1 使い勝手を考慮せず、新しいテクノロジーが導入されている

case2 頑として、古いテクノロジーを使い続ける従業員がいる

case3 従業員が新しいテクノロジーを使ってくれない

現実に起きている問題

　HR業界において、テクノロジーの活用が注目を浴びています。人事業務で活用するテクノロジーを、一般に「HRテクノロジー」と呼びます。例えば、採用における情報を管理するシステムが挙げられます。AIによる面接評価や、エントリーシートに基づく合否判定など、高度な機能も提供されています。

　タレントマネジメントシステムも普及してきています。大企業では以前から使用されていましたが、近年、比較的安価なパッケージも登場しました。それに伴い、中小企業でもタレントマネジメントシステムが導入されるようになっています。

ある調査によると、HRテクノロジーを「導入している」企業は10%、「検討中」は40%程度に上ります。大企業に絞ると「検討中」が65%となり、今後もテクノロジーの導入は進んでいくことでしょう[*1]。

　しかし、システムを導入したからといって、ただちに全従業員が活用するわけではありません。従業員に積極的に活用してもらうための工夫が必要です。例えば、「技術レベルをあえて落とすことで、活用しやすくしている」と述べるAI開発者もいます[*2]。

　テクノロジーを企業の成果につなげるためには、テクノロジーに関する従業員の活用度を高めなければなりません。どうすればよいのでしょうか。

課題を読み解く研究知見

　新しいテクノロジーが十分に活用されないという課題を、「情報経営」という研究領域から紐解（ひもと）きます。時は遡（さかのぼ）りますが、1960年代に、会社の中のさまざまなデータを経営層に集約する「MIS」（Management Information System）が流行しました。MISを用いれば、経営層は必要な情報を手に入れることができます。中間管理職は不要になるとの発想も広がりました。日本でも、MISのブームが起こりました。

　しかし、現状はどうでしょう。いまや、MISより高度なテクノロジーが登場しています。ただ、中間管理職はなくなっていません。ある観察調査によると、経営層は会社からの公式的な情報に関心を示さず、対面で従業員と話をする機会を設け、噂や風潮などの不透明だが鮮度の高い情報を得ようとすることがわかっています。MISは、経営層の意思決定に関する実態に合っていなかったのです。MISをめぐる非現実的な期待は、「MISの神話」と呼ばれます[*3]。

　あるテクノロジーを導入する際、「こういう性質のテクノロジーだから、会社や人はこうなるだろう」という考え方をする人がいます。このような

立場を「技術決定論」と言います[*4]。「MISの神話」は技術決定論の一種です。最近でも、「AIが導入されたら、こうなるだろう」といった、技術決定論からの見解が社会に広まっています。

技術決定論は、1950・60年代に実証結果とともに提案されました[*4]。「技術が組織構造を決定する」という有名な命題も生まれ、耳目を集めました。しかし、技術決定論の研究はうまく再現できず[*5]、現在では、「人や会社のあり方は技術だけでは決まらない」という考え方が主流です。よい技術を導入したからといって、それが想定どおりに、人や組織を変えるとは限りません。

エビデンスに基づく解決策

● 有用性と使いやすさを感じることが大事

新たなテクノロジーが、想定したとおりの変化を起こすわけではないことを述べました。新たなテクノロジーをうまく活用するための方法を考えましょう。「技術受容モデル（Technology Acceptance Model）」が参考になります。

技術受容モデル　　　　　　Davis, F. D., Bagozzi, R. P., and Warshaw, P. R. (1989) ＊6

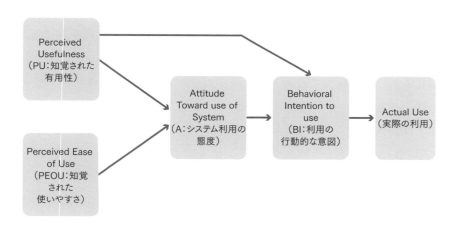

技術受容モデルにおいては、テクノロジーの「有用性」や「使いやすさ」を知覚していると、それを利用しようと思い、実際に活用すると考えます[*6]。「このテクノロジーは有益だ」と感じるほど、そして「このテクノロジーは使いやすい」と感じるほど、テクノロジーの活用は促されます。

　例えば、「年配者が新しいテクノロジーを使わない」といった課題を耳にすることがあります。技術受容モデルに基づけば、「それが役に立つと思えない」もしくは「それを使いやすいと思っていない」ため、使われていないと推測できます。

● **有用性と使いやすさを感じてもらうには**

　有効性の知覚と使いやすさの知覚を高めるために必要なものを紹介します[*7]。まず、

・テクノロジーを用いた結果が目に見える
・テクノロジーを用いると、個人のポジションやイメージが高まる
・上司がテクノロジー利用のための時間などを確保している

という場合に、テクノロジーに対する有用性の知覚が高まります。結果が示され、自分が得をし、余裕がある時に、人はそれが「役に立つ」と思えるのです。続いて、

・テクノロジーが簡単で利便性が高い
・テクノロジーを用いることが楽しい
・上司や経営者がテクノロジーを使うべきだと考えている

という場合、使いやすさの知覚が高まります。便利で楽しく、使うべきだと考えられているテクノロジーには、使いやすさを感じます。

● テクノロジーの利用にメリットがあることを示そう

● テクノロジーの利用が楽しくなるように工夫しよう

副作用の可能性とリスクヘッジ

　社内で無事、新しいテクノロジーが活用されるようになったとします。しかし、会社が想定しない目的や方法で活用される可能性は十分にあります。会社が「このテクノロジーは、こう使うものです」と伝えても、従業員はそのとおりに受け入れません。

　「テクノロジーの利用方法は、設計者の予測から基本的に逸脱する」と述べる研究者もいます[*8]。新しいテクノロジーの活用が広がる中で、当初は意図しなかった活用方法が開発されます。逸脱は例外ではなく、むしろ自然なことです。

　テクノロジーには「解釈柔軟性」があるとも言われます。同じテクノロジーが導入されたとしても、それをどう受け止めるのかは人それぞれです。解釈柔軟性の影響で、設計者にとっては意図せざる活用方法が生じます[*9]。

　興味深い研究があります。アメリカの2つの病院の放射線科にCTスキャナーが導入されました。都会の病院では、熟練の技能を持った放射線技師がいました。CTが導入されると、それを駆使し、自律性と専門性を高めていきました。一方で、郊外の病院には、知識のある放射線技師がいませんでした。医師が指示をする形でCTが活用されました。その結果、放射線技師の自律性は下がり、医師の権限が強まりました[*10]。

　同じCTが導入されているのに、都会の病院と郊外の病院では、逆の現象が生じました。放射線技師を取り巻く状況が真逆になったのです。

この１・２年、オンライン会議システムを使う企業が増えています。しかし、同じシステムでも使い方は各社で異なります。ある会社では、画面を映さないのが当たり前になっています。チャットを議事録のように使う会社もあります。

テクノロジーの活用は、思いどおりにはいきません。とはいえ、思いどおりに進むことが正しいわけでもありません。意図せざる活用方法でも、活用していることに変わりはなく、場合によっては、大きな成果につながることもあります。テクノロジーを導入したら、活用を促すだけではなく、活用のされ方に注意を払うようにしましょう。

まとめ

課題：新しい技術の導入を進めたい

原因	技術の導入＝活用ではない

↓

組織の対策	従業員がテクノロジーに対して有用性と使いやすさを感じるようにする
個人の対策	テクノロジーの活用が自分にとって意味があるかを確認する 上司が率先してテクロジーの活用を推進する

↓

副作用	従業員はテクノロジーを柔軟に使うため、会社側が想定した使い方がされるとは限らない

参 考 文 献

＊1　HR総研 (2019)「HRテクノロジーに関する調査」

＊2　伊達洋駆・山本勲 (2018)「AIは営業担当者の働き方をどのように変えるか」『一橋ビジネスレビュー』第66
　　巻3号、76-88頁。

＊3　Mintzberg, H. (1972). The myths of MIS. California Management Review, 15(1), 92-97.

＊4　Woodward, J. (1965). Industrial Organization: Theory and Practice. London, UK: Oxford University Press.

＊5　Hickson, D. J., Pugh, D. S., and Pheysey, D. (1969). Operations technology and organization structure: An
　　empirical reappraisal. Administrative Science Quarterly, 14(3), 378-397.

＊6　David, F. D., Bagozzi, R. P. and Warshaw, P. R. (1989).User acceptance of computer technology: A
　　comparison of two theoretical models. Management Science, 35(8), 982-1003.

＊7　Scherer, R., Siddiq, F., and Tondeur, J. (2019). The technology acceptance model (TAM): A meta-analytic
　　structural equation modeling approach to explaining teachers' adoption of digital technology in education.
　　Computers & Education, 128, 13-35.

＊8　Ciborra, C. and Associates. (2001). From Control to Drift: The Dynamics of Corporate Information
　　Infrastructures (2nd edn.). Oxford: Oxford University Press.

＊9　Orlikowski, W. J. (1992). The duality of technology: Rethinking the concept of technology in organizations.
　　Organization Science, 3(3), 398-427.

＊10　Barley, S. R. (1986). Technology as an occasion for structuring: Evidence from observation of CT scanners
　　and the social order of radiology departments. Administrative Science Quarterly, 31, 78-108.

36

従業員の満足度を高めたい

現実に起きている問題

　会社は、従業員の満足度に関心を払っています。満足度調査を実施している企業は、全体の約半数に上ります[*1]。上場企業を対象にした調査によると、2004年の実施率が14.2％、2007年の実施率が20.1％、2009年の実施率が23.1％と増加傾向にあります[*2]。

　一方、国際社会調査プログラム（International Social Survey Programme）の調査を見ると、日本で働く人々の仕事に関する満足度は国際的に決して高くはありません。世界32か国の中で28位という結果になっています[*3]。

　関心を払いつつも、十分に高められているとは言えない満足度。どのように高めていけばよいのでしょうか。

　学術的には、従業員が持つ満足度を「職務満足」と呼びます。職務満足は古くから研究が積み重ねられているトピックです[*4]。

　職務満足の有名な定義としては、「個人の職務から生じる、好意的で肯定的な感情」というものがあります[*5]。具体的には、

・自分の仕事が楽しいと思う
・自分の仕事が価値のあるものだと思う
・自分の仕事に満足している[*6]

という場合に、職務満足が高いと言えます。職務満足の高さは、従業員に対して好影響をもたらします。例えば、職務満足度が高いほど、欠勤率や離職率が低いことがわかっています[*7]。

エビデンスに基づく解決策

　職務満足を高めるアプローチについて検討していきましょう。職務満足は研究数が多く、職務満足を高める要因は、これまで多様に挙げられてきました。その中でも、日本でも海外でも一貫性を持って重視すべきだとされている要因を中心に紹介します[*8・9]。

● フィードバック

　パフォーマンスや評価に関するフィードバックが得られていると、職務満足は高まります。特に、日本においてフィードバックと職務満足の関連は強く、重要性が高いことがうかがえます。

　働きぶりに対するコメントをもらえれば肯定的な感情が生まれるのです。

逆に言えば、情報が十分に得られない場合、職務満足は低くなりがちです。

● 役割の明確さ

自分の仕事上の役割がわかるほど、職務満足は高くなる傾向にあります。日本でも海外でも同様の結果が得られており、役割を明確にすることが職務満足を向上させる策になります。

● 複雑性の高い仕事

知的能力が高いほど職務満足は下がりやすいことが検証されています。本人の能力とアサインされる仕事の間にギャップがあることも少なくないからでしょう。また、さまざまな視点から物事を捉えることで、会社や仕事の欠点も見出しやすいのかもしれません。

しかし、知的能力が高くても、仕事の複雑性が高い場合、職務満足に対するマイナスの影響は和らぎます[*10]。知的能力の高い人には、繰り返しの多いシンプルな作業ではなく、難易度が高く入り組んだ仕事を与えていったほうがよいと考えられます。

担当者から始める明日への一歩

- ● 成果に対してフィードバックをしよう（求めよう）

- ● 仕事の役割を明確化しよう

副作用の可能性とリスクヘッジ

職務満足にはよい面もありますが、万能ではありません。例えば、職務満足が高いほど、仕事のパフォーマンスも高いと考える人も多いかもしれ

ません。しかし、これまでの研究では、職務満足とパフォーマンスの間には十分な関連を見い出せていません。

● 職務満足が高くてもパフォーマンスは上がらない

1960年以前、1960年代、1970年代、1980年代とそれぞれの時代の研究結果を検討した論文があります。しかし、いずれの時代でも、職務満足と仕事のパフォーマンスには非常に弱い関連しかないことがわかっています[*11]。

職務満足がパフォーマンスにつながるという考え方は、「満足－パフォーマンス仮説」と呼ばれます。この仮説は、いまのところ支持されていません。理由は何でしょうか。

1つは、従業員は自分に与えられた役割は、満足度が高かろうが低かろうが、きちんと実行するからです。満足度に左右されて、やるべき仕事をやらないと、職場において用無しになってしまいます。

もう1つは、「会社や仕事に不満を抱えているから、仕事をやらない」人もいれば、「会社や仕事に不満があるから、それを改善しようとして、仕事に積極的に取り組む」人もいるからです。満足度が低いからといって、パフォーマンスが下がるとは限りません。

職務満足とパフォーマンスの関係は、満足－パフォーマンス仮説の想定とは逆の因果が働いているとの指摘もあります。「職務満足が高いと、パフォーマンスが向上する」のではなく、「パフォーマンスが高いから、満足して働ける」という考え方です。例えば、利益率や利益が大きい会社は、職務満足も高いことが実証されています[*12]。

● 職務満足は組織市民行動を促す

満足－パフォーマンス仮説が支持されないことは、組織の中の人の心理や行動に焦点を当てて研究を進めている組織行動論においては衝撃的な

結論でした。一時、職務満足はほとんど忘れられた概念になっていたかもしれません。

　ところが近年、組織市民行動（詳細は158ページを参照）の興隆に伴い、職務満足が再び脚光を浴びるようになりました。職務満足が高いほど組織市民行動を取ることがわかったからです[*13]。

組織市民行動に対する職務満足の影響　　　　　　　　　　　　　　　　著者作成

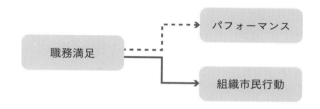

　組織市民行動とは、会社に役立つ自発的な役割外行動を指します。職務満足は役割内のパフォーマンスは高めないものの、役割外の行動は促すのです。役割外の行動は、本来は「やらなくてもよいこと」です。会社や仕事に満足しなければ、やろうとは思えません。

　職務満足と組織市民行動の関連については、職務満足が先に高まり、後から組織市民行動が高まるという時系列での検証も行われています[*14]。

課題：従業員の満足度を高めたい

原因	職務満足が低い

↓

組織の対策	知的能力の高い人には、複雑性の高い仕事を提供するとよい
個人の対策	自分の働きぶりに対するフィードバックを求める 自分の仕事上の役割を明確にする

↓

副作用	職務満足が高ければ仕事のパフォーマンスが高まるわけではないが、組織市民行動は促進される

参 考 文 献

* 1　労務行政研究所 (2016)『労政時報』第3928号。
* 2　労務行政研究所 (2013)『労政時報』第3847号。
* 3　International Social Survey Programme (2005). Work Orientations 3, Data and Documentation.
* 4　Hoppock, R. (1935). Job Satisfaction. New York: Arno Press, A New York Times Company.
* 5　Locke, E. A. (1976). The nature and causes of job satisfaction. In M. D. Dunnette (ed.), Handbook of Industrial and Organizational Psychology. Chicago, IL: Rand McNally.
* 6　Ironson, G. H., Smith, P. C., Brannick, M. T., Gibson, W. M., and Paul, K. B. (1989). Construction of a job in general scale: A comparison of global, composite, and specific measures. Journal of Applied Psychology, 74(2), 193-200.
* 7　Vroom, V. H. (1964). Work and Motivation. John Wiley & Sons, Inc.
* 8　大里大助・高橋潔 (2001)「わが国における職務満足研究の現状：メタ分析による検討」『産業・組織心理学研究』第15巻、55-64頁。
* 9　Brown, S. P. and Peterson, R. A. (1993). Antecedents and consequences of salesperson job satisfaction: Meta-analysis and assessment of causal effects. Journal of Marketing Research, 30(1), 63-77.
* 10　Ganzach, Y. (1998). Intelligence and job satisfaction. Academy of Management Journal, 41(5), 526-539.
* 11　Iaffaldano, M. T. and Muchinsky, P. M. (1985). Job satisfaction and job performance: A meta-analysis. Psychological Bulletin, 97, 251-273.
* 12　Schneider, B., Hanges, P. J., Smith, D. B, and Salvaggio, A. N. (2003). Which comes first: Employee attitude or organizational financial and market performance. Journal of Applied Psychology, 88(5), 836-851.

∗ 13　Organ, D. W. and Ryan, K. (1995). A meta-analytic review of attitudinal and dispositional predictors of organizational citizenship behavior. Personnel Psychology, 48(4), 775-802.

∗ 14　Bateman, T. S. and Organ, D. W. (1983). Job satisfaction and the good soldier the relationship between affect and employee citizenship. Academic and Management Journal, 26, 587-595.

37

テレワークをうまく運用
したい

現実に起きている問題

　新型コロナウイルス感染症の拡大により、感染予防の観点から、従業員の出社が難しくなりました。それにより、テレワークの導入が急速に進みました。テレワークとは、オフィス以外の場で働くことを指します。自宅やサテライトオフィス、カフェで仕事をすることを含みます。

　2020年3月の時点で、テレワークの実施率は17.6%でした。対して、新型コロナウイルス感染症の問題が大きくなった、5月下旬から6月上旬にかけては56.4%まで増えています。緊急事態宣言が発出された影響も大きいでしょう。

　しかし、緊急事態宣言の解除後は、テレワークを「実施したが取りやめ

た」会社も出てきました。テレワークに何らかの課題があったため、継続しなかったのでしょう。テレワークを実施している企業は大企業で55.2%、中小企業で26.2%となっています[*1]。

　テレワークをうまく機能させるために、気をつけるべきポイントとは何でしょうか。

課題を読み解く研究知見

　テレワークに関する研究は、新型コロナウイルス感染症の問題が浮上する以前から行われてきました。それらにおいては、総じて、テレワークは有効な成果をもたらすことが指摘されています。

　例えば、テレワークはオフィス勤務に比べて、

・仕事の裁量が広がる
・上司との関係性がよくなる
・会社や仕事への満足度が高まる
・仕事のパフォーマンスが向上する[*2]

といった効果が得られることがわかっています。さらには、テレワークをしているほうが、会社への愛着も高いという報告もあります[*3]。これまでの研究を見る限り、テレワークは会社にも従業員にも好影響をもたらすことが示唆されています。

エビデンスに基づく解決策

● テレワークでは信頼が重要になる

　数々の効果が検証されてきたテレワークですが、不足感を抱く人が多い

のも事実です。テレワークを機能させるために重要となるのは、「信頼」です。信頼とは、自分が脆弱さを示しても、責められたり攻撃されたりせず、自分にとって不利益となる行為を周囲が取らないと感じることを表します。仲間を信頼していれば、自分の弱みを見せても問題ないのです。

　テレワークと対面の状況を比べた場合、テレワークのほうが、信頼とパフォーマンスの関連が強くなります[*4]。テレワークでは、お互いの様子がわかりにくいものです。相手のことを信頼できないと、いちいち確認が必要になり、仕事が非効率になります。そのため、テレワークでは信頼が重要になるのです。

● テレワーク下では信頼を醸成しにくい

　一方で、テレワークでは、「非言語的手がかり」（詳細は020ページを参照）が得られにくくなります[*5]。非言語的手がかりとは、コミュニケーションにおける言葉以外の情報を表します。非言語的手がかりが減ると、感情が伝わりにくいことがわかっています[*6]。

　通信技術の問題もあります。テレワークでオンライン会議などをすると、会話にわずかな遅れが生じます。結果、発話がぶつかるなどの問題が起こります[*7]。

　さらには、オンラインのコミュニケーションでは、仕事を前に進めるための内容が多くなる傾向にあります[*8]。人間関係を構築したり維持したりするような内容がその分、減ってしまいます。

　これらのことが作用し、対面で一緒に働く時と比較すると、テレワークでは信頼関係の形成が遅れます[*9]。

● 何度もやり取りすることで信頼が育まれる

　テレワークでは信頼形成に時間がかかります。しかし、遅れるだけで、形成できないわけではありません。１つの実験を紹介しましょう。

Task performance as a function of test session and communication environment

van der Kleij, R., Paashuis, R., and Schraagen, J. M. (2005) ＊10

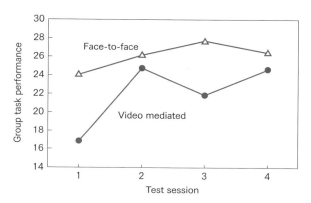

対面とオンラインを比較すると、1回目のセッションでは対面のほうがオンラインより有意にパフォーマンスが高い結果となりましたが、2回目のセッション以降は有意差は認められなくなりました。

　対面とオンラインそれぞれでチームを組みます。オンラインのチームは、対面のチームより最初は信頼が低い状態です。ところが、課題に一緒に取り組むうちに、対面のチームと同程度の信頼を築くことができます＊11。

　オンラインでもやり取りを積み重ねる中で、お互いの価値観が見えてきます＊12。「こう振る舞えば大丈夫そう」「このチームはこういうことを大事にしている」といったことが徐々に明らかになり、信頼が芽生えてくるのです。

　テレワークで信頼を育むには、ともに仕事を行うのが近道です。その際に、意識的にコミュニケーションを取るとよいでしょう。

　なお、時間による「慣れ」の効果は、信頼だけではなくパフォーマンスにも現れます。例えば、オンラインと対面のチームを作ると、1回目のセッションでは、パフォーマンスは「オンライン＜対面」となりました。しかし、2回目以降は同程度となっています＊10。

- 仕事を前に進めるだけではなく、信頼形成に努めよう

- コミュニケーションを継続的に取っていこう

副作用の可能性とリスクヘッジ

テレワークには長所があります。テレワークをしているほど、仕事で消耗した感覚は下がります[*13]。通勤がなくなることや、オフィスでの問題ある人間関係に巻き込まれないことなどが理由として考えられます。

他方で、以下の条件の下では、テレワークがむしろ消耗感を高めることが明らかになっています。

● 仕事と家庭の葛藤がある場合

「仕事によって家庭の時間がなくなる」という葛藤を抱えているケースでは、テレワークは仕事の消耗感を高めます。業務時間内のテレワークでも、業務時間外のテレワークでも、同じ結果が得られています[*14]。

自宅でテレワークを行う際には、注意が必要です。従来、自宅は生活空間でした。そこに仕事が割って入ってくるのが、テレワークです。仕事から家庭への悪影響が生じる可能性があります。

● 役割がよくわからない場合

テレワークの割合が増えると、自分の期待される役割がよくわからなくなります。オフィスの時のように、気軽にフィードバックを得られないことが1つの要因です。テレワークにおいて、自分の役割が曖昧であると、仕事に消耗します[*15]。何をすべきか理解しようとして、多くの心理的なリ

ソースを用いなければならないからでしょう。

　テレワークの実施がマイナスの結果につながらないためには、仕事と家庭のバランスに配慮したり、役割を明確にしたりするなどの取り組みをあわせて行わなければなりません。

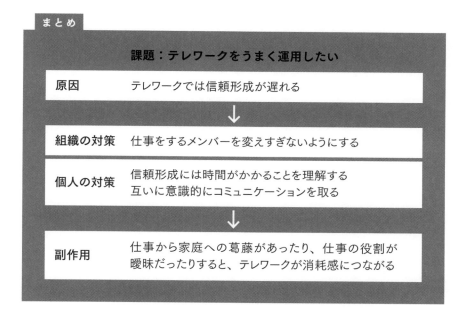

まとめ

課題：テレワークをうまく運用したい

原因	テレワークでは信頼形成が遅れる

↓

組織の対策	仕事をするメンバーを変えすぎないようにする
個人の対策	信頼形成には時間がかかることを理解する 互いに意識的にコミュニケーションを取る

↓

副作用	仕事から家庭への葛藤があったり、仕事の役割が曖昧だったりすると、テレワークが消耗感につながる

参 考 文 献

＊1　東京商工リサーチ（2020）「新型コロナウイルスに関するアンケート調査」

＊2　Gajendran, R. S. and Harrison, D. A. (2007). The Good, the bad, and the unknown about telecommuting: Meta-analysis of psychological mediators and individual consequences. Journal of Applied Psychology, 92, 1524-1541.

＊3　Martin, B. and MacDonnell, R. (2012). Is telework effective for organizations?: A meta-analysis of empirical research on perceptions of telework and organizational outcomes. Management Research Review, 35, 602-616.

＊4　Breuer, C., Huffmeier, J., and Hertel, G. (2016). Does trust matter more in virtual teams?: A meta-analysis of trust and team effectiveness considering virtuality and documentation as moderators. Journal of Applied Psychology, 101(8), 1151-1177.

* 5　Baltes, B. B., Dickson, M. W., Sherman, M. P., Bauer, C. C., and LaGanke, J. S. (2002). Computer-mediated communication and group decision making: A meta-analysis. Organization Behavior and Human Decision Processes, 87, 156-179.

* 6　深田博巳（1998）『インターパーソナルコミュニケーション：対人コミュニケーションの心理学』北大路書房。

* 7　玉木秀和・東野豪・小林稔・井原雅行（2011）「遠隔会議における発話の衝突と精神的ストレスの関係」『情報処理学会研究報告』第6巻、16頁。

* 8　Jonassen, D. H. and Kwon, H. I. (2001). Communication patterns in computer mediated versus face-to-face group problem solving. Educational Technology Research and Development, 49(1), 35-51.

* 9　Bos, N., Olson, J., Gergle, D., Olson, G., and Wright, Z. (2002). Effects of four computer-mediated communications channels on trust development. Proceedings of the SIGCHI Conference on Human Factors in Computing Systems Changing Our World, Changing Ourselves, CHI '02, 135-140.

* 10　van der Kleij, R., Paashuis, R., and Schraagen, J. M. (2005).On the passage of time: Temporal differences in video-mediated and face-to-face interaction. International Journal of Human-Computer Studies, 62(4), 521-542.

* 11　Wilson, J. M., Straus, S. G., and McEvily, B. (2006). All in due time: The development of trust in computer-mediated and face-to-face teams. Organizational Behavior and Human Decision Processes, 99(1), 16-33.

* 12　Rousseau, D., and Parks, J. M. (1993). The contracts of individuals and organizations. In B. Staw and L. Cummings (eds.), Research in Organizational Behavior 15. Greenwich, CT: JAI.

* 13　Golden, T. D. (2006). Avoiding depletion in virtual work: Telework and the intervening impact of work exhaustion on commitment and turnover intentions. Journal of Vocational Behavior, 69, 176-187.

* 14　Golden, T. D. (2012). Altering the effects of work and family conflict on exhaustion: Telework during traditional and nontraditional work hours. Journal of Business Psychology, 27, 255-269.

* 15　Sardeshmukh, S. R., Sharma, D., and Golden, T. D. (2012). Impact of telework on exhaustion and job engagement: A job demands and job resources model. New Technology, Work and Employment, 27, 193-307.

38
働きやすいオフィスにしたい

よくあるケース

case1 オフィスで活発なコミュニケーションが起こらない

case2 テレワークが導入され、オフィスの必要性について議論になっている

case3 せっかくオフィスに行くのだから、コミュニケーションを活性化させたい

現実に起きている問題

　新型コロナウイルス感染症の影響で、テレワークが広まりました。そのことによって、オフィスの必要性や意義が問い直されています。「オフィスが必要だと思うか」を尋ねた調査では、「不要」と回答した割合は23.2％となりました。このようにオフィスを不要とする声もある一方で、76.8％はオフィスが必要と考えています。依然として、オフィスは必要なものであると捉えられています。

　そもそも、なぜオフィスは必要なのでしょう。同じ調査を確認すると、「メンバーと気軽なコミュニケーション（雑談）ができる環境」「メンバーと短い会話や質問などをしながら業務ができる環境」のために、オフィスが必要だと回答されています[*1]。

多くの人は、オフィスがコミュニケーションの場となることを望んでいます。実際、「今後のオフィスで重視されるもの」を尋ねた調査において、次のことが期待されていました。

・ブレストやディスカッションなどのチーム作業により、知的生産性を上げる場となる
・フォーマルなコミュニケーションの場となる
・従業員が集中して作業を行い、効率性を上げる場となる[*2]

　とはいっても、コミュニケーションが生まれるオフィスとは、どのようなものでしょうか。研究知見から読み解いていきましょう。

課題を読み解く研究知見

　コミュニケーションが生まれるオフィスとして有名なのは、ノンテリトリアルオフィスの議論です。

　ノンテリトリアルオフィスとは、壁やパーティションを減らし、席を自由にしたオフィスです。日本では、オープンオフィスやフリーアドレスといった呼び方もされます。

ノンテリトリアルオフィスの一例　　　　　　　　　　　　　　　出典：AdobeStock

オープンオフィスは特に壁やパーティションが少ないオフィス、フリーアドレスは特に席が自由なオフィスを指します。

　ノンテリトリアルオフィスは壁やパーティションが少なく、従業員が所属部署を気にせず自由に行き来できます。席も決まっていないため、偶然の出会いが起きます。結果、ノンテリトリアルオフィスはコミュニケーションを活性化すると考えられました。

　ノンテリトリアルオフィスに関する初期の研究では、このことを裏づける結果が得られています。例えば、ノンテリトリアルオフィスに移転した後のほうが、コミュニケーションの人数も回数も増えるといった報告があります[*3]。

　また、ノンテリトリアルオフィスはデッドスペースが少なく済みます。そのため、従来よりもオフィスを小さくできる点にメリットを感じる企業も増えました。オフィスが小さいと、その分、賃料も抑えられます。こうして、ノンテリトリアルオフィスの導入が進みました。

エビデンスに基づく解決策

　初期の研究では効果が示されたノンテリトリアルオフィスですが、近年は疑問を呈する研究が示されています。

　例えば、ノンテリトリアルオフィスに移転した従業員を対象にした研究があります。ノンテリトリアルオフィスでは、プライバシーの満足度が低下したことが報告されました。秘密の会話もしにくくなったようです[*4]。

　ノンテリトリアルオフィスは、壁やパーティションが少なく、席も決まっていません。誰に会話を聞かれているかわからないため、こうしたマイナスの影響が出たのです。ノンテリトリアルオフィスの特徴だけを聞くと、自由が広がっているように感じられます。しかし、実際は、プライバシーの低下による不自由さが生まれています。

同様の研究が、他にも提出されています。パーティションなどの仕切りがあったり、パーティションが高かったりすると、複数人でのコミュニケーションが促されることがわかりました[5]。パーティションの数が多いほど質問が増えるという結果や、周囲の視線が気にならないほど業務連絡・打ち合わせ・質問が増加するといった結果も報告されています[6]。

　これらの研究を総合すると、人はオープンな場では、コミュニケーションが取りにくいと言えます。むしろ、オープンではない空間を作ることで、コミュニケーションを促せる余地があります。

担当者から始める明日への一歩

● 従業員のプライバシーが確保できる場を作ろう

● パーティションの置き方を工夫してみよう

副作用の可能性とリスクヘッジ

　オフィスにおいてコミュニケーションが生まれることは大事ですし、求められてもいます。とはいえ、コミュニケーションのあるオフィスが、いかなる場合でもプラスの効果を持つわけではありません。

　例えば、コミュニケーションのあるオフィスは、認知的な職場環境にはつながりにくいことが指摘されています。認知的な職場環境とは、仕事に集中し、思考や知識、アイデアを育てたり共有したり応用したりできる場を指します[7]。

　オフィスでコミュニケーションが取られると、従業員同士の交流が活性化します。他方で、従業員の集中力が阻害され、創造性が高まりにくいという副作用もあります。

なお、集中力を保つためには、音の大きさよりも大事なことがあります。「その音を自分がコントロールできるか否か」です。例えば、他者の会話の音量は、自分ではなかなかコントロールできません。そのため、他者のコミュニケーションによって集中が途切れてしまいやすいのです。

　また、複雑性の高い仕事ほど他の人の話し声が邪魔になることや、内向的な人ほど音に敏感で集中が阻害されやすいことがわかっています。

　仕事の性質や従業員の性格によっては、静寂なオフィスのほうが有効です。

まとめ

課題：働きやすいオフィスにしたい

原因	従業員同士のやり取りが生まれにくい空間になっている

↓

組織の対策	パーティションなどを設けて、プライバシーが守られた場を作る
個人の対策	周囲の視線が気にならない場所を確保し、コミュニケーションを取る際に用いる

↓

副作用	コミュニケーションが促されると、集中が妨げられる可能性がある 特に複雑な仕事に取り組む人や、内向的な人には悪影響が出やすい

参 考 文 献

＊1　OKAN（2020）「withコロナで変化する『働くこと』に関する調査」

＊2　内田洋行（2020）「テレワーク時代のオフィスに関する実態調査」

＊3　Allen, T. J. and Gerstberger, P. G. (1973). A field experiment to improve communications in a product engineering department: The nonterritorial office. Human Factors, 15(5), 487-498.

＊4　Sundstrom, E., Herbert, R. K., and Brown, D. W. (1982). Privacy and communication in an open-plan office: A case-study. Environment and Behavior, 14(3), 379-392.

＊5　Hatch, M. J. (1987). Physical barriers, task characteristics, and interaction activity in research and development firms. Administrative Science Quarterly, 32(3), 387-399.

＊6　阿部智和（2021）「オフィス空間に関する認識と組織内コミュニケーションの関係」『組織科学』第54巻3号、4-19頁。

＊7　Heerwagen, J. H., Kelly, K. V., Kampschroer, K., and Powell, K. M. (2006). The cognitive workplace. In D. Clements-Croome (Ed.), Creating the Productive Workplace 2nd edition. London: Taylor & Frances, Spon Press.

39

会社を健全な状態に
保ちたい

よくあるケース

case1 ハラスメントなどの問題行動を目撃したことがある

case2 問題行動を会社に報告するのは、報復されそうで難しい

case3 職場で問題行動を取る人がおり、士気が下がっている

現実に起きている問題

　問題行動を取る従業員の存在は、多くの企業が頭を抱える課題です。窃盗、器物破損、着服など法に触れるものもあれば、法律には反していないけれども、会社の規範には背いているケースもあるでしょう。例えば、勝手に遅刻・早退を繰り返す、サボる、いじめ、周囲の仕事を妨害する、業務命令を無視するといったことも問題行動に含まれます。

　近年は、ハラスメントに対する関心も高まっています。「パワハラの現場を目撃、あるいは被害に遭ったか」を尋ねる調査があります。「ない」という回答が43.3％である一方で、「目撃したことがある」が43.1％、「自身が被害に遭ったことがある」が25.2％と、ハラスメントが珍しくない様

子がうかがえます[*1]。

　しかし、ハラスメント後の対応を尋ねると、「何もしなかった」という回答が最も多く見られました。顧客からの迷惑行為については、「社内の上司に相談した」が最も多いのに対して[*2]、社内で起こった問題行動には、アクションを起こしにくいようです。

　別の調査でも、こうした傾向が裏づけられています。職場における不当行為に気付いた従業員が、上司に報告する割合は55%です[*3]。約半数は目撃しても報告しません。

　ここでは、ハラスメントやいじめ、不正、法令違反、職業規範からの逸脱を幅広く含めて「問題行動」と呼ぶことにします。問題行動を目撃した従業員が、会社に報告するように促すには、どうすればよいかを検討しましょう。

課題 を読み解く研究知見

　まずは、問題行動を目撃した人が、どのような影響を受けるのかを見ていきます。問題行動の目撃者は、2つの段階でダメージを受けます[*4]。

ステップ1　即効的影響

問題行動を観察した従業員は、緊張感やストレスを覚えます。例えば、問題行動を観察すると幸福度が低下するという報告があります[*5]。

ステップ2　遅効的影響

問題行動が放置されると、会社に対する否定的な態度が生まれます。例えば、問題行動を観察することで、経営者に対する信頼が低下します[*6]。また、会社に対する愛着も低下することがわかっています[*7]。

問題行動は短期的にはストレス反応をもたらし、中長期的には会社との関係にマイナスの影響を与えます。目撃した従業員の離職にもつながりかねません。

エビデンスに基づく解決策

　目撃者にも悪影響が出る問題行動。問題行動を解決するためには、会社に報告をしてもらう必要があります。問題行動を放置せずに報告してもらうには、何が必要なのでしょうか。

　POBモデル（prosocial organizational behavior model）が参考になります[*8]。「報告するコスト」と「報告がもたらす利益」を比べ、利益がコストを上回れば報告するという考え方です。

　ここで言う利益は、必ずしも金銭的なものを意味しません。問題行動を報告したことで、自分がよりよい環境で働けるようになるのも利益です。その点で言うと、問題行動が解決されるのが本質的な利益と言えるでしょう。

　POBモデルによれば、次のプロセスで問題行動の目撃と報告が進んでいきます。

---

①問題行動を知覚する：ある行動を、問題のあるものとして認識するのが始まりです。

↓

②誰が対処に責任を持っているかを判断する：問題への対処が誰の責任範囲かを考えます。

↓

③問題行動で士気が低下する：仕事へのモチベーションなどが削がれます。

↓

---

④問題行動を報告するかを判断する：「自分に報告の責任があるか」
「問題行動を止められそうか」「他に有効な方法はないか」といった
観点から、報告するか否かを考えます。

これら①から④のステップをクリアすると、ようやく目撃者は問題行動
を会社に報告します。問題行動を報告することの大変さがうかがえます。

POBモデルに関連する研究では、例えば、「自分には報告しなければな
らない責任がある」と思うほど報告しようとする気持ちが上がることが検
証されています。一方で、「報告にコストがかかる」と感じるほど、報告し
ようとする気持ちは下がります。なお、問題行動が深刻であるかどうかは、
報告の意思には影響しないようです[*9]。

担当者から始める明日への一歩

● 気軽に問題行動を報告できる仕組みを作ろう

● 問題行動の報告は、仕事の一部であると考えよう

副作用の可能性とリスクヘッジ

● 問題行動の報告には危険が伴う

問題行動の報告は、問題行動を解決していく上で必要な手段です。し
かし、問題行動の報告は、報告した従業員にとって、

・迫害を受ける
・身元を開示される
・心理的なストレスが高まる

・失業や離職の危機にさらされる

・社内での評価が下がる

・降格などの処分を受ける

・社内での関係性が悪化する[*9]

といったさまざまなリスクをはらんでいます。

　会社にとってはよいことであるはずの報告ではありますが、迫害の危険と隣り合わせであることを理解しておかなければなりません。報告者を守るための仕組みが求められます。「報告しても大丈夫」という安心感を提供する必要もあるでしょう。

● 加害者への厳罰要求

　問題行動の報告は重要です。ところが、時に報告者が行き過ぎてしまうことがあります。

　例えば、道徳的・倫理的であることが自分らしさの核になっている人は、問題行動を観察した際に、報復傾向が強く見られます[*10]。努力は報われ、悪事は罰せられると信じている人も、問題行動を起こした人に厳罰を求める傾向があります[*11]。

　もちろん、問題行動を起こした本人に、何らかの処罰が必要な場合もあります。しかし、報復傾向や厳罰志向が強いと、妥当な処罰を実行してもなお、「もっと重い罰が必要だ」と納得しない可能性があります。報告者の要求が度を超えている場合は、それを調整しなければなりません。

課題：会社を健全な状態に保ちたい

| 原因 | 目撃しても報告していない |

↓

| 組織の対策 | 報告された問題行動を解決する仕組みを作る
気軽に問題行動を報告できる仕組みを作る |

| 個人の対策 | 問題行動の報告は自分の仕事役割の一部であると考える
報告が問題行動の解消につながることを理解する |

↓

| 副作用 | 報告すると報復を受けるリスクがある
加害者に過剰な罰を求める傾向がある |

参 考 文 献

* 1　日本アンガーマネジメント協会（2019）「怒りとパワハラに関するアンケート」
* 2　東京海上日動リスクコンサルティング（2021）「職場のハラスメントに関する実態調査」
* 3　Ethical Resource Centre (2005) National Business Ethics Survey.
* 4　Dhanani, L. Y. and LaPalme, M. L. (2019). It's not personal: A review and theoretical integration of research on vicarious workplace mistreatment. Journal of Management, 45(6), 2322-2351.
* 5　Miner-Rubino, K. and Cortina, L. M. (2007). Beyond targets: Consequences of vicarious exposure to misogyny at work. Journal of Applied Psychology, 92(5), 1254-1269.
* 6　Duffy, M. K., Ganster, D. C., Shaw, J. D., Johnson, J. L., and Pagon, M. (2006). The social context of undermining behavior at work. Organizational Behavior and Human Decision Processes, 101, 105-126.
* 7　Hoel, H., Faragher, B., and Cooper, C. L. (2004). Bullying is detrimental to health, but all bullying behaviours are not necessarily equally damaging. British Journal of Guidance & Counseling, 32, 367-387.
* 8　Dozier, J. B. and Miceli, M. P. (1985). Potential predictors of whistle-blowing: A prosocial behavior perspective. The Academy of Management Review, 10(4), 823-836.
* 9　Alleyne, P., Soverall, W. and Broome, T. and Pierce, A. (2017). Perceptions, predictors and consequences of whistleblowing among accounting employees in barbados. Meditari Accountancy Research, 25(2), 241-267.
* 10　Skarlicki, D. P. and Rupp, D. E. (2010). Dual processing and organizational justice: The role of rational versus experiential processing in third-party reactions to workplace mistreatment. Journal of Applied Psychology,

95(5), 944-952.

* 11　村山綾・三浦麻子 (2015)「被害者非難と加害者の非人間化：2種類の公正世界信念との関連」『心理学研究』第86巻、1-9頁。

40
従業員に幸福に働いて
ほしい

よくあるケース

case1	仕事ばかりで、人生に不満を抱えている
case2	経営層が「ウェルビーイング経営を進めよう」と言っている
case3	会社の利益も大事だが、従業員のウェルビーイングも大事だと思う

現実に起きている問題

　日本の幸福度はあまり高くない。そのような話を耳にする方も多いのではないでしょうか。これは、世界幸福度調査の結果からくるイメージかもしれません。2020年に発表された世界幸福度調査によると、日本の幸福度の順位は下降傾向にあり、62位です[*1]。

　幸福度は、仕事においても問題となります。会社で働く人々に対してアンケートを取ったところ、42％が働く上での重要な価値観として、「ウェルビーイング」（幸福感と訳されることもある）を挙げていました。

　ウェルビーイングが重視される背景があります。1つは、企業においてESGやSDGsが重視されるようになったことです。従業員のウェルビーイ

ングを考慮せずに働かせる会社は、社会的に評価されません。出資や取引に響く可能性もあります。

　また、日本は、かつてのように急激な経済成長の中にはありません。金銭的な豊かさを拡大できなくなってきたことも、ウェルビーイングが重視される背景でしょう。「精神的な豊かさ」を追求する段階にあるということです。

　多くの人が、ウェルビーイングを大事だと考えています。その一方で、ウェルビーイングの取り組みを行う会社は9.2％にとどまります。従業員が重んじているほどには、会社が施策を講じていません。ウェルビーイングをめぐっては、従業員と会社の間に乖離（かいり）がある状況です[*2]。

課題を読み解く研究知見

　ウェルビーイングの研究は、少しずつ検討されはじめています。まず、ウェルビーイングを定義しておきましょう。定義の難しい概念ではありますが、ウェルビーイングとは、人生の満足度が高く、ポジティブな感情が高く、ネガティブな感情が低いことを指します[*3]。

　これでは少し抽象的かもしれません。例えば皆さんは、

・私は、目的意識を持って、意味のある人生を送っている
・私は、日々の活動に興味を持って取り組んでいる
・私は、自分の将来について楽観的である[*4]

という項目に対して、YES と答えられますか。YES と回答できるほど、ウェルビーイングは高い状態です。

　ウェルビーイングは、それ自体が到達すべき目標として掲げられるケースも多いのですが、ウェルビーイングの効果も検証されています。例えば、

ウェルビーイングが高いほど、健康状態が良好になり、病気の可能性が減少することがわかっています[*5]。

さらには、ウェルビーイングが高いほど、仕事のパフォーマンスも高い傾向があります。とりわけ、マネジャーや専門職においては、パフォーマンス上昇の効果が顕著に現れます[*6]。

ただし注意したいのは、ウェルビーイングが直接的に会社レベルのパフォーマンスを高めるかどうかは、必ずしも検証されていない点です。従業員のウェルビーイングを高めれば、ただちに会社が潤うわけではありません。

エビデンスに基づく解決策

従業員のウェルビーイングを促すには、どうすればよいのでしょう。大きくは、「社内の要因」と「社外の要因」の2つに分けられます。

● ウェルビーイングを高める社内の要因

まずは、会社の中に存在する、ウェルビーイングを促す要因です。能力開発の機会が十分に得られ、上司からの支援があるほど、ウェルビーイングが高いことが検証されています。他にも、職場において必要な情報が得られたり、仕事の負荷が低かったりするほど、ウェルビーイングは高くなります[*7]。

これらの結果は、ワークエンゲージメントのJD-Rモデル（詳細は271ページを参照）に符合しています。JD-Rモデルは、仕事の要求度が高まるとストレスが増し、仕事の資源が高まるとワークエンゲージメントが上昇するというモデルです。

能力開発の機会や上司からの支援は、従業員の「資源」を増やします。他方で、情報の不足や仕事の負荷は、従業員への「要求」を高めます。

● ウェルビーイングを高める社外の要因

　従業員の人生は、仕事がすべてではありません。ウェルビーイングを高める要因もまた、社内だけではありません。社外の要因として、家庭から仕事に対してよい影響があるほど、ウェルビーイングが高まることがわかっています[*8]。

　ただ家庭が充実するだけでは十分ではないことを示唆されているのは、興味深いところです。家庭の充実度が仕事に好影響を及ぼしてはじめて、ウェルビーイングは上昇します。

　プライベートは楽しいが、むしろそれで疲れてしまって仕事はしんどい。そのような場合は、高いウェルビーイングは得られません。人生に占める仕事の重要度を物語っているとも解釈できます。

　以上のとおり、従業員のウェルビーイングを高めるには、社内と社外、両方からのアプローチが求められます。どちらか一方のみにならないような支援が必要です。

担当者から始める明日への一歩

- 上司からの支援など、仕事の資源を得よう

- 仕事に好影響が出るような形で、プライベートを充実させよう

副作用の可能性とリスクヘッジ

　幸福感が重要であることは、心情的にも理解しやすいでしょう。さらに、学術研究の中でも効果が認められることを示してきました。

　その一方で、少々考えさせられる研究結果があります。幸福を追求す

ぎると結果的に幸福から遠ざかるという結果です。

　具体的には、幸福に価値を置いている人のほうが、幸福が低い傾向があります[*9]。幸福を重視する人は、幸福に対するハードルも高くなりがちです。目の前に幸福のきっかけがあったとしても、「これぐらいでは幸福とは言えない」とつかみ取らないからでしょう。下手に幸福感を意識していない人のほうが、幸福を前にした際に、それを躊躇なく手に入れられるのです。

　幸福を重視する人は、他にも問題状況に直面します。具体的には、幸福に重きを置くほど、日常的に孤独を感じている傾向があります[*10]。

　ここで言う幸福とは、あくまで自分自身の幸福です。自分の幸福を重視するというのは、ある意味で利己的です。自分の幸福を追求しようとするがあまり、他者とのつながりを失う危険があります。

　ウェルビーイングの問題は繊細です。「従業員の幸福度を高めよう」と直接的に訴求しすぎると、従業員は幸福を重視するようになります。すると、あまりよくない結果に導かれてしまうかもしれません。会社側としては、幸福を強調するよりも、従業員が自然と幸福に過ごせる環境をいかに提供するかに、注意を向けたほうがよさそうです。

課題：従業員に幸福に働いてほしい

原因	ウェルビーイングが低い

↓

組織の対策	能力開発機会を提供する 職場での仕事に対する負荷を減らす
個人の対策	上司からの支援を得られるように働きかける プライベートから仕事によい影響があるようにする

↓

副作用	幸福を追い求めると、逆に幸福を逃してしまう また、幸福を重視するほど孤独感を覚える

参 考 文 献

＊1　Sustainable Development Solutions Network (2020). World Happiness Report 2020.

＊2　WeWork Japan (2021)「コロナ禍長期化における働く場所と価値観に関する調査」

＊3　Anglim, J., Horwood, S., Smillie, L. D., Marrero, R. J., and Wood, J. K. (2020). Predicting psychological and subjective well-being from personality: A meta-analysis. Psychological Bulletin, 146(4), 279-323.

＊4　Diener, E., Wirtz, D., Biswas-Diener, R., Tov, W., Kim-Prieto, C., Choi, D.-w., and Oishi, S. (2009). New measures of well-being. In E. Diener (Ed.), Assessing Well-being: The Collected Works of Ed Diener. Springer Science + Business Media.

＊5　Howell, R. T., Kern, M. L., and Lyubomirsky, S. (2007). Health benefits: Meta-analytically determining the impact of well-being on objective health outcomes. Health Psychology Review, 1(1), 83-136.

＊6　Daniels, K. and Harris, C. (2000). Work, psychological well-being and performance. Occupational Medicine, 50(5), 304-309.

＊7　Tuomi, K., Vanhala, S., Nykyri, E., and Janhonen, M. (2004). Organizational practices, work demands and the well-being of employees: A follow-up study in the metal industry and retail trade. Occupational Medicine, 54(2), 115-121.

＊8　Allis, P. and O'Driscoll, M. (2008). Positive effects of nonwork-to-work facilitation on well-being in work, family and personal domains. Journal of Managerial Psychology, 23(3), 273-291.

＊9　Mauss, I. B., Tamir, M., Anderson, C. L., and Savino, N. S. (2011). Can seeking happiness make people unhappy?: Paradoxical effects of valuing happiness. Emotion, 11(4), 807-815.

* 10   Mauss, I. B., Savino, N. S., Anderson, C. L., Weisbuch, M., Tamir, M., and Laudenslager, M. L. (2012). The pursuit of happiness can be lonely. Emotion, 12(5), 908-912.

41
仕事の改善を進めたい

よくあるケース

case1 惰性で、同じ仕事のやり方を続けている

case2 仕事を改善しようとすると、周囲から疎まれる

case3 5年前と比べて、業務の進め方が進歩していない

現実に起きている問題

　日本では、ここ数年にわたって、働き方改革が進められてきました。これにより、労働時間は削減されましたが、仕事効率はまだ改善の余地があります。

　調査結果を見てみましょう。働き方改革を通じた成果として、「長時間労働者の減少、総労働時間の減少」を挙げる人は62.3％でした。対して、「業務効率・労働生産性の向上」を挙げる人は36.5％にとどまっています[1]。「現在の勤務先の業務に、無駄な業務や作業はありますか」と尋ねた調査によると、「ある」と答えた人は60％を超えています（「非常にある」＋「たまにある」の合計）。例えば、次のところに無駄があると認識されています。

・企業の慣習から抜け出せず、非効率的に業務が回っている

・自動化できそうな業務なのに手作業している

・付き合い、または必要性の感じられない残業がある[*2]

課題を読み解く研究知見

　仕事の改善を進めていくには、どうすればよいのでしょうか。この課題を紐解く際に参考になるのが、「ジョブ・クラフティング」です。ジョブ・クラフティングは、「自分の仕事や関係性の境界において行う、物理的および認知的な変化」と定義されます[*3]。

　これでは抽象度が高いため、ジョブ・クラフティングの内容を具体的に見ていきましょう。ジョブ・クラフティングには、3つの種類があります。

①タスク・クラフティング

　仕事の境界を変えようとすることを指します。例えば、興味のある仕事を多く引き受けることや、仕事の質を深めることは、タスク・クラフティングにあたります。次のような行動を取っていれば、タスク・クラフティングを行っていると言えます。

・自分のスキルや興味に合った新しい仕事を持ち込む

・追加の仕事を引き受ける

・自分にとってより楽しくなるように、仕事のやり方を変える

②リレーショナル・クラフティング

　職場における関係性の面で変化を起こすことを指します。例えば、より多くの人とつながるようにするといったことが、リレーショナル・クラフティングに該当します。次の行動を取っていれば、リレーショナル・クラフティングを行っていると言えます。

・より多くの人間関係を築くために、交友の場を広げる

・職場のメンバーと親しくなるように努力する

・職場において同僚の誕生日会など、特別なイベントを企画する

③コグニティブ・クラフティング

　仕事に対する見方を変えることを指します。病院の清掃員が自身の業務を「単なる掃除」として捉えるのではなく、「これは病気の人を癒す仕事の一貫だ」と考えるようなジョブ・クラフティングです。

　次のような思考をしている時、コグニティブ・クラフティングがなされていると言えます。

・自分の仕事が会社の成功にとって持つ意味を考える

・自分の仕事が自分の人生に与える影響を考える

・自分の仕事が自分の幸福に果たす役割を考える[*4]

　ジョブ・クラフティングに関する研究には、一定の蓄積があります。これまでの主要な研究[*5・6・7・8・9]をレビューした論文を参考に[*6]、ジョブ・クラフティングの効果を紹介しましょう。ジョブ・クラフティングを行っている従業員は、活力を持って熱心に働いており、会社や仕事に満足しています。会社に愛着も持っており、仕事のパフォーマンスも高い傾向があります。逆に、離職したい気持ちは低く、仕事をサボるなどの行動を取りません。仕事で燃え尽きにくいことも明らかになっています。

エビデンスに基づく解決策

　仕事の改善を進める上で、ジョブ・クラフティングに注目するのは有効です。それでは、ジョブ・クラフティングを促すには何が必要でしょうか。

● 積極的な性格や自己効力感が重要

まず、積極的な性格を持っている人はジョブ・クラフティングをよく行います。加えて特定の行動に対する自信、すなわち、自己効力感（詳細は144ページを参照）が高いほどジョブ・クラフティングを行う傾向も高まります[10]。

● 自己裁量の大きさも鍵を握る

自己裁量の大きい仕事についているほうが、ジョブ・クラフティングは促されます[6]。自己裁量の度合いについては、上司と部下の期待が一致しているほど、ジョブ・クラフティングは高まります[11]。

自己裁量とジョブ・クラフティングの関連は、職位が上がるほど強くなります[12]。役職者のほうが、ジョブ・クラフティングに対する自己裁量の重要性が増すのです。ポジションが上がるほど、自分の判断でさまざまなことができるようになるからでしょう。

● 上司との関係性も1つの要因となる

上司との関係性も無視できません。上司と部下の関係性の質である、LMX（詳細は060ページ参照）が、ジョブ・クラフティングに影響を与えます。LMXが高いほどジョブ・クラフティングも取られます[13]。また、上司から部下に対するサポートがあるほうが、ジョブ・クラフティングが促されることもわかっています[14]。

担当者から始める明日への一歩

- ● 自己裁量のある仕事をアサインしよう

- ● 上司／部下と良好な関係を作ろう

副作用の可能性とリスクヘッジ

　ジョブ・クラフティングは、多くのケースで従業員に好影響を与えます。その一方で、ジョブ・クラフティングにプラスの効果が見られない場合もあります。

● 印象管理動機に基づいている場合

　ジョブ・クラフティングを行う動機に注目しましょう。

　ジョブ・クラフティングを行っていると、生き生きと熱量高く働く傾向があります。しかし、「印象管理動機」に基づいてジョブ・クラフティングが行われていると、事情が違ってきます。

　印象管理動機とは、他者に好ましい自分のイメージを示したいことを意味します。「自分をアピールしたい」「上司に気に入られたい」といった動機でジョブ・クラフティングを実施していると、活力を持って働くこととは無関連になります[*15]。

　印象管理動機に基づく行動においては、本音と建前が乖離しています。例えば、印象管理動機に基づくジョブ・クラフティングによって、人間関係を拡大し、人脈を得たとしても、それは本来の自分ではありません。結果的に、無理がたたって疲弊し、生き生きと働けなくなるのです。

● 仕事の負荷が増す場合

　ジョブ・クラフティングをすることで、燃え尽きてしまう可能性もあります。具体的にはジョブ・クラフティングを行うと、自分のこなす仕事量が増え、多忙になります。そうして疲弊し得ることも示されています[*16]。ジョブ・クラフティングはとにかく歓迎、というわけにはいきません。

● 会社からの支援が感じられないケース

　会社から支援を得られていると感じるかどうかで、ジョブ・クラフティングの効果が消失することがあります。会社としては、従業員に対して同じように支援しているつもりでも、従業員の受け止め方は異なります。

　例えば、子育てをしている従業員にとっては、時短勤務の制度を活用できると「支援されている」と感じるかもしれません。若手従業員にとっては、研修制度が充実していることが「支援されている」と感じる可能性もあります。

　会社から支援されていると感じていない従業員の場合、ジョブ・クラフティングを行っていても、疲弊感が募ります[*17]。せっかくジョブ・クラフティングで自分のキャパシティを広げても、会社からの支援が少ないことでキャパシティが減り、ジョブ・クラフティングの本来の効果を打ち消してしまうのです。

　会社からの支援が従業員に届くように工夫する必要があります。制度を整えれば、それで十分ではありません。従業員に制度を啓蒙し、利用しやすい風土を醸成していくところまで支援したいところです。

　このように、ジョブ・クラフティングには、それが有効に機能しなくなる条件があります。これらの条件を把握し、注意深く回避する必要があります。

まとめ

課題：仕事の改善を進めたい

原因	ジョブ・クラフティングが行われない

組織の対策	特に役職が高いほど自己裁量のある仕事を提供する 仕事に対する自信を高める支援をする
個人の対策	上司との関係性をよりよいものにする 積極的に行動するように心がける

副作用	印象管理をしようと考えていたり、会社からの支援が得られていないと感じていると、ジョブ・クラフティングの効果は消失する

参 考 文 献

＊1　リクルートマネジメントソリューションズ（2020）「『働き方改革』と組織マネジメントに関する実態調査」

＊2　ディップ（2018）「はたらこねっとユーザーアンケート：業務効率の改善について」

＊3　Wrzesniewski, A. and Dutton, J. E. (2001). Crafting a job: Revisioning employees as active crafters of their work. Academy of Management Review, 26(2), 179-201.

＊4　Slemp, G. R. and Vella-Brodrick, D. A. (2013). The job crafting questionnaire: A new scale to measure the extent to which employees engage in job crafting. International Journal of Wellbeing, 3, 126-146.

＊5　Rudolph, C. W., Katz, I. M., Lavigne, K. N., and Zacher, H. (2017). Job crafting: A meta-analysis of relationships with individual differences, job characteristics, and work outcomes. Journal of Vocational Behavior, 102, 112-138.

＊6　Lichtenthaler, P. W., and Fischbach, A. (2016). Job crafting and motivation to continue working beyond retirement age. The Career Development International, 21(5), 477-497.

＊7　Wang, H., Demerouti, E., and Bakker, A. B. (2016). A review of job crafting research: The role of leader behaviors in cultivating successful job crafters. In S. K. Parker and U. K. Bindl (eds.), Proactivity at Work: Making Things Happen in Organizations, Routledge.

＊8　Demerouti, E. (2014). Design your own job through job crafting. European Psychologist, 19(4), 237-247.

＊9　Lee, J. Y. and Lee, Y. (2018). Job crafting and performance: Literature review and implications for human resource development. Human Resource Development Review, 17(3), 277-313.

* 10 Zhang, F. and Parker, S. K. (2019). Reorienting job crafting research: A hierarchical structure of job crafting concepts and integrative review. Journal of organizational behavior, 40, 126-146.

* 11 Wong, S. I., Skerlavaj, M., and Cerne, M. (2017). Build coalitions to fit: Autonomy expectations, competence mobilization, and job crafting. Human Resource Management, 56(5), 785-801.

* 12 Sekiguchi, T., Li, J., and Hosomi, M. (2017). Predicting job crafting from the socially embedded perspective: The interactive effect of job autonomy, social skill, and employee status. Journal of Applied Behavioral Science, 53(4), 470-497.

* 13 Li, J. (2015). The mediating roles of job crafting and thriving in the LMX-employee outcomes relationship. 経営行動科学, 28(1), 39-51.

* 14 Leana, C., Appelbaum, E., and Shevchuk, I. (2009). Work process and quality of care in early childhood education: The role of job crafting. Academy of Management Journal, 52(6), 1169-1192.

* 15 Rofcanin, Y., Bakker, A. B., Berber, A., Golgeci, I., and Las Heras, M. (2019). Relational job crafting: Exploring the role of employee motives with a weekly diary study. Human Relations, 72, 859-886.

* 16 Harju, L. K., Kaltiainen, J., and Hakanen, J. J. (2021). The double-edged sword of job crafting: The effects of job crafting on changes in job demands and employee well-being. Human Resource Management, doi: 10.1002/hrm.22054.

* 17 Cheng, J. C. and Yi, O. (2018). Hotel employee job crafting, burnout, and satisfaction: The moderating role of perceived organizational support. International Journal of Hospitality Management, 72, 78-85.

42

ワークライフバランスを
推進したい

よくあるケース

case1 仕事が忙しくて、生活にゆとりがない

case2 仕事で疲れてしまい、生活を充実させるエネルギーが残っていない

case3 家庭の問題で、仕事が十分に行えていない

現実に起きている問題

　2007年の調査によれば、「仕事と生活の優先度」について「現状」を尋ねると、「仕事優先」が約60％、「生活優先」が約15％、「同じくらい」が約20％となっています。一方で、「仕事と生活の優先度」について「希望」を尋ねると、答えが異なります。「仕事」を優先したい人は約20％、「生活」が40％弱、「同じくらい」が40％弱となっています[*1]。

　これらの結果が示しているのは、希望と現状の食い違いです。具体的には、生活優先、あるいは、同じくらいを希望しているものの、現状は仕事優先になっているというのが、2007年当時の状況でした。

　こうした状況に対処すべく、政・労・使の協議の末、2007年に「仕事

と生活の調和（ワーク・ライフ・バランス）憲章」が策定されました。その後、働き方改革が推進され、長時間労働の是正などに取り組む企業が増えました。

　とはいえ、ワークライフバランスは一朝一夕に実現できるものではありません。ここでは、ワークライフバランスを実現するために、どうすればよいかを考えます。

課題を読み解く研究知見

　ワークライフバランスについて考える上で参考になるのは、「エンリッチメント」という概念です。エンリッチメントとは、一方で得た資源が他方に活かされることを意味します[*2]。ここで言う「資源」には、スキルや感情、達成感が含まれます[*3]。ある場面で得たスキル・感情・達成感が、別の場面に活きることがエンリッチメントです。

　エンリッチメントは、「ワークファミリーエンリッチメント」と「ファミリーワークエンリッチメント」に分けられます。

● ワークファミリーエンリッチメント

　ワークファミリーエンリッチメントは、仕事が家庭に対してよい影響を及ぼすことを表します。仕事で得た資源が、家庭に活かされることです。例えば、

・仕事で得たさまざまな視点が、家庭につながる
・仕事をすることで気分がよくなり、よい家庭を築ける
・仕事で達成感が得られ、家庭によい影響が出る

という項目にYESと答えられれば、ワークファミリーエンリッチメントが

高いと言えます[*4]。多くの先行研究を統合的に分析した論文によれば、ワークファミリーエンリッチメントが高いほど、

・仕事や会社に満足している
・会社に愛着を感じている
・家庭に満足している
・生活に満足している
・心身が健康である

傾向があることがわかっています[*5]。ワークファミリーエンリッチメントを高める意義があるということです。

● **ファミリーワークエンリッチメント**

　ファミリーワークエンリッチメントは、家庭から仕事へよい影響がもたらされることを指します。先のワークファミリーエンリッチメントは、仕事から家庭への影響に注目していましたが、ファミリーワークエンリッチメントでは、影響の方向が逆になっています。例えば、

・家庭で得た知識が、仕事の助けになる
・家庭で気分が明るくなり、仕事がはかどる
・家庭があることで、仕事の時間を集中して使うようになる

という項目に当てはまるほど、ファミリーワークエンリッチメントは高いと考えられます[*4]。
　ファミリーワークエンリッチメントについても、ワークファミリーエンリッチメントと同様に、多様な効果が検証されています。ファミリーワークエンリッチメントが高いほど、

・仕事や会社に満足している

・会社に愛着を感じている

・家庭に満足している

・心身が健康である

ことが明らかになっています[*5]。

　仕事が家庭に好影響をもたらす場合（ワークファミリーエンリッチメント）も、家庭が仕事に好影響をもたらす場合（ファミリーワークエンリッチメント）も、ともにプラス効果があることを確認できました。

ワークとファミリーの好影響　　　　　　　　　　　　　　　　　　　　　　　　　　著者作成

ワークファミリーエンリッチメント

ファミリーワークエンリッチメント

エビデンスに基づく解決策

　2種類のエンリッチメントをどう促していけばよいのでしょうか。エンリッチメントを高める要因を統合的に分析した論文があります。そちらを参考に、エンリッチメントの高め方を紐解いていきましょう。

● **余裕を作ることでワークファミリーエンリッチメントが高まる**

　ワークファミリーエンリッチメントを高める要因としては、

- 仕事において、周囲からの支援が得られること
- 会社の方針が家庭に優しいものであること
- 裁量のある仕事についていること
- 仕事に対して熱心に取り組んでいること
- 家庭からの支援が得られていること
- 家庭での時間が確保できていること
- 家庭に対して熱心に取り組んでいること

などが挙げられます。概して、支援や時間など、従業員の余裕を生み出すような働きかけが有効です。

● ファミリーワークエンリッチメントにも余裕が重要

実は、家庭から仕事への好影響である、ファミリーワークエンリッチメントを高める要因は、ワークファミリーエンリッチメントを高める要因とほとんど同じです。

ファミリーワークエンリッチメントを促すには、やはり従業員にゆとりを与えることが大切です。

仕事と家庭の両方で、思考や行動のための余裕が生まれれば、ワークファミリーエンリッチメントもファミリーワークエンリッチメントも高まります。なぜ、その種の余裕が必要なのでしょうか。

余裕は、従業員にとって資源となります。資源を十分に得られることで、熱意を持って活力豊かに仕事に打ち込めます。そのことが仕事と家庭の両方によい効果をもたらすのです[6]。

副作用の可能性とリスクヘッジ

　仕事と家庭の関係はエンリッチメントのように、好影響を与え合うだけ
ではありません。両者がマイナスに作用し合うこともあります。

● 仕事と家庭が相互に干渉することもある

　仕事と家庭が相互によくない影響を及ぼし合うことについては、「仕事
から家庭への干渉（Work Interference with Family）」と「家庭から仕事への干
渉（Family Interference with Work）」という2パターンが考えられます。これ
らの干渉はともに、

・離職したい気持ちが高くなる
・情緒的に疲弊する
・仕事を休みがちになる
・仕事に関連したストレスが増す
・家庭に関連したストレスが増す
・心身の健康に問題を抱える
・会社や仕事への満足度が低くなる
・会社への愛着が低くなる
・仕事のパフォーマンスが低くなる
・自分のキャリアへの満足度が低くなる

・会社をよくする役割外行動を取らなくなる
・家庭への満足度が低くなる
・生活への満足度が低くなる

などの悪い状況をもたらすことが検証されています[*7]。

● ネガティブな影響を減らすために支援や裁量が大事

　仕事と家庭が相互にマイナスに影響するのを防ぐには、どうすればよいのでしょう。「仕事から家庭への干渉」と「家庭から仕事への干渉」はともに要因も似通っています。例えば、

・仕事に没頭しすぎないこと
・仕事上のストレスが低いこと
・家庭でのコンフリクトが少ないこと
・職場における支援が得られること
・家庭における支援が得られること
・仕事のスケジュールが柔軟であること
・問題を解決するストレス対処を取ること

といったものが、干渉を減らすことが明らかになっています[*8]。ここでもエンリッチメントの際と同じく、支援や裁量が挙がっています。エンリッチメントの要因と異なるのは、ストレスへの対処も重要になる点でしょう。
　ワークライフバランスを実現していくには、エンリッチメントを高めると同時に、干渉を減らす必要があります。

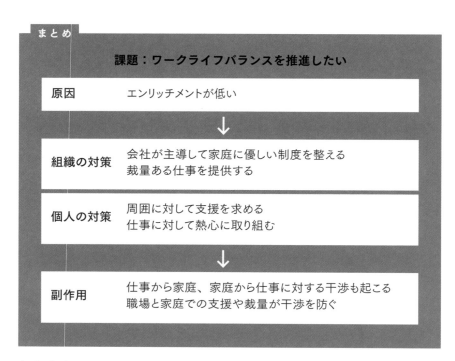

まとめ

課題：ワークライフバランスを推進したい

原因	エンリッチメントが低い

↓

組織の対策	会社が主導して家庭に優しい制度を整える 裁量ある仕事を提供する

個人の対策	周囲に対して支援を求める 仕事に対して熱心に取り組む

↓

副作用	仕事から家庭、家庭から仕事に対する干渉も起こる 職場と家庭での支援や裁量が干渉を防ぐ

参　考　文　献

* 1　労働政策研究・研修機構（2007）「経営環境の変化の下での人事戦略と勤労者生活に関する実態調査」

* 2　Greenhaus, J. H. and Powell, G. N. (2006). When work and family are allies: A theory of work-family enrichment. Academy of Management Review, 31(1), 72-92.

* 3　Poelmans, S., Stepanova, O., and Masuda, A. (2008). Positive spillover between personal and professional life: Definitions, antecedents, consequences, and strategies. In K. Korabik, D. S. Lero, and D. L. Whitehead. (eds.) Handbook of Work-Family Integration: Research, Theory, and Best Practices, San Diego, CA: Academic Press.

* 4　Carlson, D. S., Kacmar, K. M., Wayne, J. H., and Grzywacz, J. G. (2006). Measuring the positive side of the work-family interface: Development and validation of a work-family enrichment scale. Journal of Vocational Behavior, 68(1), 131-164.

* 5　McNall, L. A., Nicklin, J. M., and Masuda, A. D. (2010). A meta-analytic review of the consequences associated with work-family enrichment. Journal of Business and Psychology, 25(3), 381-396.

* 6　Lapierre, L. M., Li, Y., Kwan, H. K., Greenhaus, J. H., DiRenzo, M. S., and Shao, P. (2018). A meta-analysis of the antecedents of work-family enrichment. Journal of Organizational Behavior, 39(4), 385-401.

* 7　Amstad, F. T., Meier, L. L., Fasel, U., Elfering, A., and Semmer, N. K. (2011). A meta-analysis of work-family conflict and various outcomes with a special emphasis on cross-domain versus matching-domain relations. Journal of Occupational Health Psychology, 16(2), 151-169.

* 8　Byron, K. (2005). A meta-analytic review of work-family conflict and its antecedents. Journal of Vocational Behavior, 67(2), 169-198.

43

働く上でのストレスを軽減させたい

よくあるケース

case1 仕事の量が多く、精神的にまいっている

case2 職場の人間関係がうまくいかず、ストレスがたまっている

case3 仕事で失敗をしてしまい、憂うつな気分だ

現実に起きている問題

厚生労働省の調査によると、仕事で強いストレスを感じることがある人は約6割に上ります。中でも、「仕事の質・量」「仕事の失敗、責任の発生等」「対人関係（セクハラ・パワハラを含む）」に対してストレスを感じているという回答が多く見られます[*1]。こうした状況に対して、会社も無策ではありません。例えば、次のような対策を講じています。

・ストレスチェック（労働者のストレスの状況などについて調査票を用いて調査）
・メンタルヘルス対策に関する労働者への教育研修・情報提供
・メンタルヘルス対策に関する事業所内での相談体制の整備[*2]

なお、新型コロナウイルス感染症の拡大によって、従業員のストレスに変化はあったのでしょうか。コロナ禍前とそれ以降でストレスチェックの値を比較した調査があります。それによると、ストレスによる心身の反応は、コロナ禍以降のほうが低下しています[*3]。その理由として推察されるのは、対人関係のストレスが減ったことです。テレワークによるストレスより、オフィスにおける対人関係のストレスのほうが大きかったのかもしれません。とはいえ、働く上でのストレスがゼロになったわけではありません。仕事上のストレスに対して、どのような対策を取っていくとよいのでしょうか。

課題を読み解く研究知見

　ストレスへの対処として学術的に参考になるのは、「コーピング」です。コーピングとは、ストレスに対処するための心理や行動上の努力を意味します[*4]。コーピングには、「問題焦点型コーピング」と「感情焦点型コーピング」という2つのスタイルがあります[*5]。

①問題焦点型コーピング

　問題焦点型コーピングは、苦痛の原因をコントロールすることを目指すものです。例えば、対人関係の問題が起こったとしましょう。問題を解決するために話し合うといった行動は、問題焦点型コーピングにあたります。具体的には次のものが、問題焦点型コーピングに含まれます。

・ストレッサーの除去・改善を直接実行する
・ストレス対処のための計画を立てる
・周囲に対して実際的な支援を求める

②感情焦点型コーピング

感情焦点型コーピングにおいては、問題に対する感情的な反応をコントロールしようとします。ストレッサーを取り除こうとはせず、そこから生まれる感情をうまく管理します。例えば、次のものが感情焦点型コーピングにあたります。

・ストレッサーを受け入れる
・周囲に対して情緒的なケアを求める
・ストレッサーを楽しむ
・ストレッサーのよい面を探る

感情焦点型コーピングもストレスに対して有効です。

整理しましょう。問題焦点型コーピングは、問題に向けて直接行動します。他方で、感情焦点型コーピングは、問題に対処できる情緒的な余裕を確保しようとします。アプローチは違いますが、いずれも問題に向き合う対処方法です。

エビデンスに基づく解決策

コーピングを促すには、どのようなアプローチが有効でしょうか。大きく3つのポイントがあります。

①自己効力感

自己効力感とは、特定の行動を取れる自信を指します（自己効力感の詳細は144ページ参照）。自己効力感が高いほど、問題焦点型コーピングが促されます[6]。「自分にはできる」と思えると、コーピングも取られるのです。

②コントロール感

　自分の働きかけはうまくいくという感覚が、コントロール感です。コントロール感は、問題焦点型コーピングを高めます[*7]。コーピングを取るためには、環境に影響を与えられる感覚を持つことが大事です。

③学習目標志向性

　自分の能力向上を狙う姿勢のことを、学習目標志向性と呼びます（学習目標志向性の詳細は137ページを参照）。学習目標志向性が高いほど、問題焦点型のコーピングが取られる傾向にあります[*8]。学習目標志向性が高いと、ストレスフルな出来事が起きても、学びの素材として捉えることができます。問題解決に対しても注意を向けられるのでしょう。

担 当 者 か ら 始 め る 明 日 へ の 一 歩

● ストレスの原因を突き止め、解決しよう

● ストレスをポジティブに受け止めよう

副作用の可能性とリスクヘッジ

　コーピングの種類として、問題焦点型コーピングと感情焦点型コーピングを紹介しました。実は、他にも種類があります。なかでも「機能不全型コーピング」と呼ばれるコーピングに注目します。機能不全型コーピングは、よい結果をもたらさないことがわかっているからです。

　機能不全型コーピングとは、次のような心理や行動を指します。

・ストレッサーの存在を認めない

- 他のことに集中して、ストレスを発散する
- 酒や薬などに頼る
- ストレス管理をあきらめてしまう
- 起きた問題を自分のせいだと責める
- ネガティブ感情を言葉で表現する[9]

機能不全型コーピングに共通するのは、ストレスの原因から目を背けている点です。ストレスの存在を否定したり無視したり自分を責めたりするなど、ストレスと向き合っていません。

ストレスの原因を意図的に見ない状態では、ネガティブな影響が出てしまうのは当然です。

コーピングの中でも有効なものもあれば、そうではないものもあります。有効なコーピングを促していきたいものです。

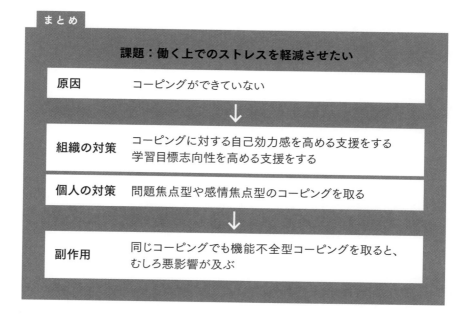

まとめ

課題：働く上でのストレスを軽減させたい

原因	コーピングができていない

↓

組織の対策	コーピングに対する自己効力感を高める支援をする 学習目標志向性を高める支援をする
個人の対策	問題焦点型や感情焦点型のコーピングを取る

↓

副作用	同じコーピングでも機能不全型コーピングを取ると、 むしろ悪影響が及ぶ

参 考 文 献

＊1　厚生労働省 (2017)「労働安全衛生調査」

＊2　厚生労働省 (2016)「労働安全衛生調査」

＊3　坂本貴志 (2020)「コロナ下で、仕事のストレスは高まったか：ストレスチェックのデータを分析する」

＊4　Lazarus, R. S. and Folkman, S. (1984). Stress, Appraisal, and Coping. New York: Springer Publishing Company.

＊5　Carver, C. S., Scheier, M. F., and Weintraub, J. K. (1989). Assessing coping strategies: A theoretically based approach. Journal of Personality and Social Psychology, 56(2), 267-283.

＊6　Amiot, C. E., Terry, D. J., Jimmieson, N. L., and Callan, V. J. (2006). A longitudinal investigation of coping processes during a merger: Implications for job satisfaction and organizational identification. Journal of Management, 32, 552-574.

＊7　Scheck, C. L. and Kinicki, A. J. (2000). Identifying the antecedents of coping with an organizational acquisition: A structural assessment. Journal of Organizational Behavior: The International Journal of Industrial, Occupational and Organizational Psychology and Behavior, 21, 627-648.

＊8　Doron, J., Stephan, Y., Maiano, C., and Le Scanff, C. (2011). Motivational predictors of coping with academic examination. The Journal of Social Psychology, 151, 87-104.

＊9　Carver, C. S., Scheier, M. F., and Weintraub, J. K. (1989). Assessing coping strategies: A theoretically based approach. Journal of Personality and Social Psychology, 56(2), 267-283.

44

従業員の定着を促したい

よくあるケース

case1　最近、若手の離職が増えていて、困っている

case2　一人前になるまで育てたのに、辞めてしまった

case3　人手不足に苦しむ中で、離職が相次いでいる

現実に起きている問題

　離職の多さは、以前から問題視されています。「3年3割」という言葉もあります。厚生労働省の調査では、大卒者の入社3年以内の離職率は3割程度が維持されています[*1]。中小企業庁の調査によれば、中途採用者もまた3年で3割程度の離職率となっています[*2]。

　新型コロナウイルス感染症の影響で、離職の問題は深刻さを増しています。コロナ禍に行われた調査では「人材定着の重要性は上がっているか」という質問に「はい」と回答する人は約75%に及びます。一方で、「従業員が離職した理由を知っているか」という問いに対して、約半数が把握できていません[*3]。

　今後は、新型コロナウイルス感染症の影響だけではありません。生産年齢人口の減少によって、採用の難易度は上がっていくでしょう[*4]。採用

の難易度が上がると、離職の深刻さは増します。辞めたら採るのが大変だからです。

課題を読み解く研究知見

離職には「会社都合のもの」と「本人都合のもの」があります。本人の自発的な意思に基づく離職を「自発的離職」と呼びます。自発的離職については、学術研究で検証が積み上げられています。

従業員が自発的離職をせずに長く会社にとどまれば、従業員のスキルは高まります[*5]。会社にとっても、高いスキルの人が育っていくのはよいことです。しかし、もし自発的離職が続くと、こうしたスキル形成の基盤が失われてしまいます。

時間と労力をかけて育成した従業員が辞めてしまったら、どうでしょうか。多くの人が辞めるようになると、「育てる意味があるのか」と感じてもおかしくありません。自発的離職の高さによって、会社は育成へのモチベーションを持ちにくくなります[*6]。

さらに、従業員が自発的離職の意思を持っているほど、会社のパフォーマンスが低い傾向もあります[*7]。自発的離職は、会社にとって問題をもたらすことがわかります。

エビデンスに基づく解決策

従業員の離職を防ぐには、どうすればよいのでしょう。学術研究によると、自発的離職には、少数の要因ではなく幅広い要因が関連します[*8]。すなわち、「これさえすれば従業員は辞めない」というものはありません。多くの要因を少しずつ改善する必要があります。

● 個人の特徴

　まずは、自発的離職をしにくい人の特徴です。これまでの研究結果を統合的に分析したところ、例えば、次の点が挙げられます。

> ・期限のない雇用の従業員
>
> ・年齢が高い従業員
>
> ・子どもがいる従業員
>
> ・結婚している従業員
>
> ・真面目な性格の従業員

● 仕事の特徴

　続いて、次のような特徴の仕事に就いていると、自発的離職が抑えられることが明らかになっています。

> ・情報が公式的に伝えられている仕事
>
> ・難しく充実している仕事
>
> ・雇用が安定している仕事
>
> ・意思決定に関与できる仕事
>
> ・給与が高い仕事
>
> ・ルーティン化が進んでいる仕事
>
> ・分量が多い仕事
>
> ・役割が明確な仕事
>
> ・複数の役割で板挟みにならない仕事

● 会社や仕事に対する態度

　従業員の会社や仕事に対する態度も、自発的離職に影響を及ぼします。例えば、次のような態度が自発的離職を抑える要因になります。

- ・会社や仕事に満足している
- ・会社に対して愛着を持っている
- ・ストレスに対処している
- ・仕事に対する熱意が高く、活力がある
- ・精神的に消耗していない

● 会社の状況

　仕事の内容だけではありません。従業員が所属する会社の状況もまた、自発的離職の要因になります。例えば、次の要因は自発的離職を抑制することがわかっています。

- ・ポジティブな風土が醸成されている
- ・会社からの支援が得られている
- ・昇進や成長機会など、給与以外の報酬がある

● 身近な状況

　個人を取り巻く身近な状況も、自発的離職に影響します。学術的には、例えば、次の要因は自発的離職を阻害することが検証されています。

- ・従業員が環境に適合している（詳細は197ページを参照）
- ・会社に公正感を覚えている
- ・周囲の人との関係性がよい
- ・従業員の暗黙の期待が守られている
- ・仕事と生活の葛藤が起こっていない

● 外部労働市場

　ここまでは、従業員個人や会社の中の要因を挙げてきました。自発的離職には外部労働市場も関連してきます。具体的には、次の要因は自発的離職を妨げます。

> ・転職先が頭の中に浮かんでいない

● その他の要因

　以上に当てはまらないものの、自発的離職を抑える要因を最後に挙げておきます。

> ・会社を欠勤していない
> ・会社に遅刻していない
> ・職探しをしていない
> ・仕事のパフォーマンスが高い
> ・会社にとって有益な役割外行動を自発的に取っている（詳細は157ページを参照）
> ・採用時点でのパフォーマンスが高い

　多くの要因が自発的離職に関わってきます。1つのアプローチで離職を防ぐことはできないことが示唆されます。

　自発的離職を減らすために、ここで取り上げた要因について、対策を講じられるところから着実に取り組んでいきましょう。

- 対策を講じることのできる要因を探そう

- 着手できるところから、少しずつ着手していこう

副作用の可能性とリスクヘッジ

● すべての人の離職を防げばよいわけではない

確かに、離職は多くの場合、会社にマイナスの影響を与えます。しかし、すべての人に会社に残ってもらいさえすればよいかと言うと、そういうわけでもありません。

実際のところ、自発的離職について議論する背景には、「高い成果をあげる従業員をいかに離職させないか」という狙いがあります[*9]。自社にとって優秀な人材の流出を防ぎたいという思いがあるのです。

逆に言えば、「辞めてほしくない」層以外が残り続けるのもまた、会社にとってはあまりよいことではありません。自発的離職の抑制に取り組む際には、対策を講じるべき層を明確にする必要があります。

● 離職がポジティブな結果になることもある

従業員個人の目線に立ってみましょう。自発的離職は、いつもネガティブでしょうか。そうとも限りません。例えば、自発的離職をして他社へ移った人のデータを見ると、転職後のほうが、仕事と生活の質や幸福度などが上昇していることがわかりました[*10]。

残ってほしい従業員に離職されてしまうのは、会社としては大きな損失です。しかし、個々人のキャリアにとって、自発的離職がポジティブに働くこともあります。従業員個人のワークとライフの観点も考慮して、自発

的離職の問題を検討しなければなりません。

まとめ

課題：従業員の定着を促したい

原因	自発的離職が発生している

組織の対策	充実した明確で豊富な仕事を提供する 給与とそれ以外の報酬やサポートを提供する
個人の対策	周囲との良好な関係を築く 仕事と生活の間に葛藤が起きないようにする

副作用	残ってほしくはない人に残られると、会社としては問題 自発的離職をしたほうが個人にとってよいこともある

参 考 文 献

＊1　厚生労働省「新規学卒者の離職状況」
　　　https://www.mhlw.go.jp/stf/seisakunitsuite/bunya/0000137940.html
＊2　中小企業庁（2015）『中小企業白書』
＊3　OKAN（2020）「コロナ禍における人事総務担当者動向調査」
＊4　厚生労働省（2011）『厚生労働白書』
＊5　関口功（1996）『終身雇用制：軌跡と展望』文眞堂。
＊6　八代尚宏（2017）『働き方改革の経済学：少子高齢化社会の人事管理』日本評論社。
＊7　Ostroff, C. (1992). The relationship between satisfaction, attitudes, and performance: An organizational level analysis. Journal of Applied Psychology, 77(6), 963-974.
＊8　Rubenstein, A. L., Eberly, M. B., Lee, T. W., and Mitchell, T. R. (2018). Surveying the forest: A meta-analysis, moderator investigation, and future-oriented discussion of the antecedents of voluntary employee turnover. Personnel Psychology, 71, 23-65.
＊9　Mobley, W. H. (1982). Employee Turnover Causes, Consequences, and Control. Addision Wesley Publishing Company, New York.
＊10　Wagenaar, A. F., Kompier, M. A. J., Houtman, I. L. D., van den Bossche, S. N. J., and Taris, T. W. (2012). Impact of employment contract changes on workers' quality of working life, job insecurity, health and work-related attitudes. Journal of Occupational Health, 54(6), 441-451.

　本書では、人や組織をめぐる44項目の課題を取り上げ、会社における人の心理や行動を探求する「組織行動論」の研究知見をもとに、対策を解説しました。実務に有益なエビデンスがひととおり揃う一冊を目指しました。

　本書を執筆して改めて気づいたことがあります。それは、人や組織をめぐる課題は多種多様で、それらの中には相互に矛盾するものもある、ということです。

　例えば、会社への帰属意識、すなわち「組織コミットメント」を高めることは重要です。一方で、組織コミットメントが高まるほど、現状を維持する力が働きます。そうなると今度は、現状を打破する「クリエイティビティ」が求められる、といった具合です。

　人や組織をよりよいものにしていくためには、ある課題と対策が、別の課題と対策にどのような影響を与えるのかを吟味しなければなりません。そのために、本書は課題への対策を紹介するだけではなく、「副作用」にも言及しました。一筋縄ではいかない改善のプロセスを歩む際、本書の知見を活用していただけると嬉しく思います。

　本書の内容を組み立てる中で最も時間を費やしたのは、実践的に意味があり、かつ、学術的に信頼できる研究知見を確認する作業です。

　筆者の経営するビジネスリサーチラボでは日頃から、組織サーベイや人事データ分析といったサービスを提供する折、先行研究をレビューしています。

仕事を通じて積み上げた膨大なレビューのメモがなければ、本書は成立しなかったでしょう。研究レビューが仕事の一部という珍しい会社、ビジネスリサーチラボで知的好奇心を原動力に働く従業員に感謝しています。

　とはいえ、もちろん、本書のために新規に調べた箇所もあります。特に、副作用に関する研究知見は、組織行動論に比較的慣れ親しんでいる私にとっても、驚きの連続でした。実際、学術界でも副作用の研究は十分に知れ渡っておらず、本書の情報は希少性が高いと言えます。

　さまざまな知見を詰め込んだ本書が、皆さんの手元に届く形になるためには、本書の企画を筆者に持ちかけ、完成まで粘り強く励ましてくださった、すばる舎の吉田真志さんの尽力が不可欠でした。ありがとうございます。また、ビジネスパーソンにとって難解で抽象的な研究知見をうまく翻訳し、わかりやすい文章へ変換してくださった、レゾンクリエイトの佐藤智さん、安澤真央さんにも、この場を借りてお礼申し上げます。

　本書をきっかけに、会社の中で人や組織をめぐる課題が持ち上がった際に、「そう言えば、この課題に関連する研究はあるのかな」と考える方が一人でも増えることを祈っています。

　研究知見を活用しながら、よい会社を作っていきましょう。

2022年2月吉日

株式会社ビジネスリサーチラボ　代表取締役

伊達 洋駆

【著者紹介】

伊達 洋駆（だて・ようく）

株式会社ビジネスリサーチラボ代表取締役
神戸大学大学院経営学研究科 博士前期課程修了 修士（経営学）
2009年にLLPビジネスリサーチラボ、2011年に株式会社ビジネスリサーチラボを創業。以降、組織・人事領域を中心に、民間企業を対象にした調査・コンサルティング事業を展開。研究知と実践知の両方を活用した「アカデミックリサーチ」をコンセプトに、組織サーベイや人事データ分析のサービスを提供している。近著に『オンライン採用 新時代と自社にフィットした人材の求め方』（日本能率協会マネジメントセンター）や『人材マネジメント用語図鑑』（共著；ソシム）などがある。

Book Design ：山田知子（チコルズ）
DTP・図版制作：朝日メディアインターナショナル
校　正　　　：鷗来堂
編集協力　　：佐藤智・安澤真央（レゾンクリエイト）

現場でよくある課題への処方箋
人と組織の行動科学

2022年　2月26日 第1刷発行
2022年　7月28日 第2刷発行

著　者 —— 伊達 洋駆
発行者 —— 徳留 慶太郎
発行所 —— 株式会社すばる舎
　　　　　〒170-0013 東京都豊島区東池袋 3-9-7 東池袋織本ビル
　　　　　TEL　03-3981-8651（代表）03-3981-0767（営業部直通）
　　　　　FAX　03-3981-8638
　　　　　URL　https://www.subarusya.jp/
印　刷 —— 株式会社シナノ